社区矫正工作文件汇编

（2025）

司法部社区矫正管理局　编

法律出版社

图书在版编目（CIP）数据

社区矫正工作文件汇编. 2025 / 司法部社区矫正管理局编. -- 北京：法律出版社，2025. -- ISBN 978-7-5244-0435-4

Ⅰ. D926.7

中国国家版本馆 CIP 数据核字第 20251WM079 号

| 社区矫正工作文件汇编(2025)
SHEQU JIAOZHENG GONGZUO WENJIAN HUIBIAN (2025) | 司法部社区矫正管理局　编 | 策划编辑　沈小英
责任编辑　沈小英
　　　　　任　娜
装帧设计　李　瞻 |

出版发行 法律出版社	开本 A5
编辑统筹 法治与经济出版分社	印张 7.75　　字数 283 千
责任校对 王晓萍	版本 2025 年 6 月第 1 版
责任印制 吕亚莉	印次 2025 年 6 月第 1 次印刷
经　　销 新华书店	印刷 固安华明印业有限公司

地址：北京市丰台区莲花池西里 7 号(100073)

网址：www.lawpress.com.cn　　　　　　销售电话：010-83938349

投稿邮箱：info@lawpress.com.cn　　　　客服电话：010-83938350

举报盗版邮箱：jbwq@lawpress.com.cn　　咨询电话：010-63939796

版权所有·侵权必究

书号：ISBN 978-7-5244-0435-4　　　　　　　　　　定价：66.00 元

凡购买本社图书，如有印装错误，我社负责退换。电话：010-83938349

编 辑 说 明

为深入贯彻《中华人民共和国社区矫正法》,推进社区矫正工作高质量发展,我局编辑出版《社区矫正工作文件汇编(2025)》。本书收录现行公开有效的法律法规、司法解释、部门规章及规范性文件等,为社区矫正工作者依法履职提供参考。

社区矫正作为贯彻宽严相济刑事政策、推进国家治理体系和治理能力现代化的重要制度,其规范化开展需要严格依法依规。期望通过本书的编辑出版,进一步提升社区矫正工作法治化、规范化水平,为推动建设更高水平的平安中国、法治中国贡献力量。

司法部社区矫正管理局

2025 年 6 月

目　录

一、法　律

中华人民共和国社区矫正法
　（2019年12月28日）……………………………（3）
中华人民共和国刑法(节选)
　（2023年12月29日修正）………………………（13）
中华人民共和国刑事诉讼法(节选)
　（2018年10月26日修正）………………………（18）
中华人民共和国未成年人保护法(节选)
　（2024年4月26日修正）…………………………（21）
中华人民共和国预防未成年人犯罪法(节选)
　（2020年12月26日修订）………………………（23）
中华人民共和国反有组织犯罪法(节选)
　（2021年12月24日）………………………………（26）
中华人民共和国反恐怖主义法(节选)
　（2018年4月27日修正）…………………………（27）
中华人民共和国监狱法(节选)
　（2012年10月26日修正）………………………（28）
中华人民共和国治安管理处罚法(节选)
　（2012年10月26日修正）………………………（30）
中华人民共和国出境入境管理法(节选)
　（2012年6月30日）………………………………（33）

1

二、司法解释

最高人民法院关于适用《中华人民共和国刑事诉讼法》的解释(节选)
　　(2021年1月26日　法释〔2021〕1号)……………（37）
最高人民法院关于刑事裁判涉财产部分执行的若干规定(节选)
　　(2014年10月30日　法释〔2014〕13号)…………（41）
最高人民法院关于减刑、假释案件审理程序的规定(节选)
　　(2014年4月23日　法释〔2014〕5号)……………（42）
人民检察院刑事诉讼规则(节选)
　　(2019年12月30日　高检发释字〔2019〕4号)……（43）
人民检察院检察建议工作规定(节选)
　　(2019年2月26日　高检发释字〔2019〕1号)………（47）

三、部门规章

公安机关办理刑事案件程序规定(节选)
　　(2020年7月20日　中华人民共和国公安部令第159号)…………（51）
看守所留所执行刑罚罪犯管理办法(节选)
　　(2013年10月23日　中华人民共和国公安部令第128号)…………（52）
国家安全机关办理刑事案件程序规定(节选)
　　(2024年4月26日　中华人民共和国国家安全部令第4号)………（53）
就业服务与就业管理规定(节选)
　　(2022年1月7日　中华人民共和国人力资源和社会保障部令第47号)……………………（54）

四、部门规范性文件

(一)司法部
最高人民法院　最高人民检察院　公安部　司法部关于印发《中华人民共和国社区矫正法实施办法》的通知
　　(2020年6月18日　司发通〔2020〕59号)……………（59）

最高人民法院　最高人民检察院　公安部　国家安全部　司法部　国家卫生健康委关于印发《关于进一步规范暂予监外执行工作的意见》的通知

（2023年5月28日　司发通〔2023〕24号）……………（76）

司法部办公厅关于规范社区矫正对象在被采取刑事强制措施或者被提请撤销缓刑、撤销假释、收监执行期间矫正期满社区矫正执法适用的通知

（2021年11月22日　司办通〔2021〕94号）…………（83）

司法部关于推进刑罚执行一体化建设工作的意见

（2018年12月26日　司发〔2018〕11号）………………（84）

最高人民法院　最高人民检察院　公安部　司法部关于印发《关于进一步加强社区矫正工作衔接配合管理的意见》的通知

（2016年8月30日　司发通〔2016〕88号）……………（89）

司法部关于印发《监狱暂予监外执行程序规定》的通知

（2016年8月22日　司发通〔2016〕78号）……………（95）

最高人民法院　最高人民检察院　公安部　司法部　国家卫生计生委关于印发《暂予监外执行规定》的通知

（2014年10月24日　司发通〔2014〕112号）…………（103）

司法部　中央综治办　教育部　民政部　财政部　人力资源和社会保障部关于组织社会力量参与社区矫正工作的意见

（2014年9月26日　司发〔2014〕14号）………………（110）

最高人民法院　最高人民检察院　公安部　司法部关于全面推进社区矫正工作的意见

（2014年8月27日　司发〔2014〕13号）………………（114）

司法部关于贯彻最高人民法院　最高人民检察院　公安部　司法部《关于对判处管制　宣告缓刑的犯罪分子适用禁止令有关问题的规定（试行）》做好禁止令执行工作的通知

（2011年5月23日　司发通〔2011〕98号）……………（119）

司法部关于印发《监狱计分考核罪犯工作规定》的通知（节选）

（2021年8月24日　司规〔2021〕3号）…………………（122）

司法部关于印发《司法行政系统落实"谁执法谁普法"普法责任制实施意见》的通知

（2017年9月8日　司发〔2017〕10号）…………………（124）

最高人民法院　最高人民检察院　公安部　司法部关于印发《关于监狱办理刑事案件有关问题的规定》的通知

(2014年8月11日　司发通〔2014〕80号) ……………… (130)

司法部社区矫正管理局关于印发和使用《社区矫正法执法文书格式(试行)》的通知

(2020年6月28日) …………………………………… (132)

(二)其他部门

最高人民法院　最高人民检察院　公安部　司法部关于对因犯罪在大陆受审的台湾居民依法适用缓刑实行社区矫正有关问题的意见

(2016年7月26日　法发〔2016〕33号) ……………… (169)

最高人民法院　最高人民检察院　公安部　国家安全部关于印发《关于取保候审若干问题的规定》的通知(节选)

(2022年9月5日　公通字〔2022〕25号) ……………… (171)

最高人民法院　最高人民检察院　公安部　司法部关于印发《关于未成年人犯罪记录封存的实施办法》的通知

(2022年5月24日　高检发办字〔2022〕71号) ……… (173)

最高人民法院　最高人民检察院　公安部　国家安全部　司法部印发《关于规范量刑程序若干问题的意见》的通知(节选)

(2020年11月5日　法发〔2020〕38号) ……………… (178)

公安部关于印发《公安机关对部分违反治安管理行为实施处罚的裁量指导意见》的通知(节选)

(2018年6月5日　公通字〔2018〕17号) ……………… (180)

公安部　国家发展和改革委员会　工业和信息化部　中国人民银行电信网络诈骗及其关联违法犯罪联合惩戒办法

(2024年9月5日　公安部　国家发展和改革委员会　工业和信息化部　中国人民银行令第170号) …………… (183)

民政部　国家发展和改革委员会　教育部　公安部　司法部　财政部　人力资源和社会保障部　住房和城乡建设部　交通运输部　农业农村部　文化和旅游部　国家卫生健康委　退役军人事务部　应急管理部　国家体育总局　国家医保局关于健全完善村级综合服务功能的意见(节选)

(2022年7月5日　民发〔2022〕56号) ………………… (187)

人力资源和社会保障部 教育部 国家发展和改革委员会 财政
部关于印发"十四五"职业技能培训规划的通知(节选)
(2021年12月15日 人社部发〔2021〕102号) ……………(188)
国务院未成年人保护工作领导小组关于印发《国务院未成年人保护
工作领导小组关于加强未成年人保护工作的意见》的通知
(2021年6月6日 国未保组〔2021〕1号) …………………(190)
国家卫生健康委 中央政法委 中宣部 教育部 公安部 民政
部 司法部 财政部 国家信访局 中国残联关于印发全国社
会心理服务体系建设试点工作方案的通知
(2018年11月16日 国卫疾控发〔2018〕44号) ……………(199)
民政部关于大力培育发展社区社会组织的意见
(2017年12月27日 民发〔2017〕191号) …………………(209)
民政部 财政部关于政府购买社会工作服务的指导意见
(2012年11月14日 民发〔2012〕196号) …………………(214)

五、业务规范、标准

社区矫正术语
(2019年9月30日 中华人民共和国司法行政行业标准 SF/T
0055—2019) ……………………………………………………(221)

一、法　　律

中华人民共和国社区矫正法

(2019年12月28日第十三届全国人民代表大会常务委员会第十五次会议通过 2019年12月28日中华人民共和国主席令第40号公布 自2020年7月1日起施行)

目　　录

第一章　总则
第二章　机构、人员和职责
第三章　决定和接收
第四章　监督管理
第五章　教育帮扶
第六章　解除和终止
第七章　未成年人社区矫正特别规定
第八章　法律责任
第九章　附则

第一章　总　　则

第一条　为了推进和规范社区矫正工作,保障刑事判决、刑事裁定和暂予监外执行决定的正确执行,提高教育矫正质量,促进社区矫正对象顺利融入社会,预防和减少犯罪,根据宪法,制定本法。

第二条　对被判处管制、宣告缓刑、假释和暂予监外执行的罪犯,依法实行社区矫正。

对社区矫正对象的监督管理、教育帮扶等活动,适用本法。

第三条　社区矫正工作坚持监督管理与教育帮扶相结合,专门机关与社会力量相结合,采取分类管理、个别化矫正,有针对性地消除社区矫正对象可能重新犯罪的因素,帮助其成为守法公民。

第四条　社区矫正对象应当依法接受社区矫正,服从监督管理。

社区矫正工作应当依法进行,尊重和保障人权。社区矫正对象依法享有的人身权利、财产权利和其他权利不受侵犯,在就业、就学和享受社会保障等方面不受歧视。

第五条　国家支持社区矫正机构提高信息化水平,运用现代信息技术开展监督管理和教育帮扶。社区矫正工作相关部门之间依法进行信息共享。

第六条　各级人民政府应当将社区矫正经费列入本级政府预算。

居民委员会、村民委员会和其他社会组织依法协助社区矫正机构开展工作所需的经费应当按照规定列入社区矫正机构本级政府预算。

第七条　对在社区矫正工作中做出突出贡献的组织、个人,按照国家有关规定给予表彰、奖励。

第二章　机构、人员和职责

第八条　国务院司法行政部门主管全国的社区矫正工作。县级以上地方人民政府司法行政部门主管本行政区域内的社区矫正工作。

人民法院、人民检察院、公安机关和其他有关部门依照各自职责,依法做好社区矫正工作。人民检察院依法对社区矫正工作实行法律监督。

地方人民政府根据需要设立社区矫正委员会,负责统筹协调和指导本行政区域内的社区矫正工作。

第九条　县级以上地方人民政府根据需要设置社区矫正机构,负责社区矫正工作的具体实施。社区矫正机构的设置和撤销,由县级以上地方人民政府司法行政部门提出意见,按照规定的权限和程序审批。

司法所根据社区矫正机构的委托,承担社区矫正相关工作。

第十条　社区矫正机构应当配备具有法律等专业知识的专门国家工作人员(以下称社区矫正机构工作人员),履行监督管理、教育帮扶等执法职责。

第十一条　社区矫正机构根据需要,组织具有法律、教育、心理、社会工作等专业知识或者实践经验的社会工作者开展社区矫正相关工作。

第十二条　居民委员会、村民委员会依法协助社区矫正机构做好社区矫正工作。

社区矫正对象的监护人、家庭成员,所在单位或者就读学校应当协助社区矫正机构做好社区矫正工作。

第十三条　国家鼓励、支持企业事业单位、社会组织、志愿者等社会力量依法参与社区矫正工作。

第十四条 社区矫正机构工作人员应当严格遵守宪法和法律,忠于职守,严守纪律,清正廉洁。

第十五条 社区矫正机构工作人员和其他参与社区矫正工作的人员依法开展社区矫正工作,受法律保护。

第十六条 国家推进高素质的社区矫正工作队伍建设。社区矫正机构应当加强对社区矫正工作人员的管理、监督、培训和职业保障,不断提高社区矫正工作的规范化、专业化水平。

第三章 决定和接收

第十七条 社区矫正决定机关判处管制、宣告缓刑、裁定假释、决定或者批准暂予监外执行时应当确定社区矫正执行地。

社区矫正执行地为社区矫正对象的居住地。社区矫正对象在多个地方居住的,可以确定经常居住地为执行地。

社区矫正对象的居住地、经常居住地无法确定或者不适宜执行社区矫正的,社区矫正决定机关应当根据有利于社区矫正对象接受矫正、更好地融入社会的原则,确定执行地。

本法所称社区矫正决定机关,是指依法判处管制、宣告缓刑、裁定假释、决定暂予监外执行的人民法院和依法批准暂予监外执行的监狱管理机关、公安机关。

第十八条 社区矫正决定机关根据需要,可以委托社区矫正机构或者有关社会组织对被告人或者罪犯的社会危险性和对所居住社区的影响,进行调查评估,提出意见,供决定社区矫正时参考。居民委员会、村民委员会等组织应当提供必要的协助。

第十九条 社区矫正决定机关判处管制、宣告缓刑、裁定假释、决定或者批准暂予监外执行,应当按照刑法、刑事诉讼法等法律规定的条件和程序进行。

社区矫正决定机关应当对社区矫正对象进行教育,告知其在社区矫正期间应当遵守的规定以及违反规定的法律后果,责令其按时报到。

第二十条 社区矫正决定机关应当自判决、裁定或者决定生效之日起五日内通知执行地社区矫正机构,并在十日内送达有关法律文书,同时抄送人民检察院和执行地公安机关。社区矫正决定地与执行地不在同一地方的,由执行地社区矫正机构将法律文书转送所在地的人民检察院、公安机关。

第二十一条　人民法院判处管制、宣告缓刑、裁定假释的社区矫正对象，应当自判决、裁定生效之日起十日内到执行地社区矫正机构报到。

人民法院决定暂予监外执行的社区矫正对象，由看守所或者执行取保候审、监视居住的公安机关自收到决定之日起十日内将社区矫正对象移送社区矫正机构。

监狱管理机关、公安机关批准暂予监外执行的社区矫正对象，由监狱或者看守所自收到批准决定之日起十日内将社区矫正对象移送社区矫正机构。

第二十二条　社区矫正机构应当依法接收社区矫正对象，核对法律文书、核实身份、办理接收登记、建立档案，并宣告社区矫正对象的犯罪事实、执行社区矫正的期限以及应当遵守的规定。

第四章　监督管理

第二十三条　社区矫正对象在社区矫正期间应当遵守法律、行政法规，履行判决、裁定、暂予监外执行决定等法律文书确定的义务，遵守国务院司法行政部门关于报告、会客、外出、迁居、保外就医等监督管理规定，服从社区矫正机构的管理。

第二十四条　社区矫正机构应当根据裁判内容和社区矫正对象的性别、年龄、心理特点、健康状况、犯罪原因、犯罪类型、犯罪情节、悔罪表现等情况，制定有针对性的矫正方案，实现分类管理、个别化矫正。矫正方案应当根据社区矫正对象的表现等情况相应调整。

第二十五条　社区矫正机构应当根据社区矫正对象的情况，为其确定矫正小组，负责落实相应的矫正方案。

根据需要，矫正小组可以由司法所、居民委员会、村民委员会的人员，社区矫正对象的监护人、家庭成员，所在单位或者就读学校的人员以及社会工作者、志愿者等组成。社区矫正对象为女性的，矫正小组中应有女性成员。

第二十六条　社区矫正机构应当了解掌握社区矫正对象的活动情况和行为表现。社区矫正机构可以通过通信联络、信息化核查、实地查访等方式核实有关情况，有关单位和个人应当予以配合。

社区矫正机构开展实地查访等工作时，应当保护社区矫正对象的身份信息和个人隐私。

第二十七条　社区矫正对象离开所居住的市、县或者迁居，应当报经社区矫正机构批准。社区矫正机构对于有正当理由的,应当批准;对于因正常工作和生活需要经常性跨市、县活动的,可以根据情况,简化批准程序和方式。

因社区矫正对象迁居等原因需要变更执行地的,社区矫正机构应当按照有关规定作出变更决定。社区矫正机构作出变更决定后,应当通知社区矫正决定机关和变更后的社区矫正机构,并将有关法律文书抄送变更后的社区矫正机构。变更后的社区矫正机构应当将法律文书转送所在地的人民检察院、公安机关。

第二十八条　社区矫正机构根据社区矫正对象的表现,依照有关规定对其实施考核奖惩。社区矫正对象认罪悔罪、遵守法律法规、服从监督管理、接受教育表现突出的,应当给予表扬。社区矫正对象违反法律法规或者监督管理规定的,应当视情节依法给予训诫、警告、提请公安机关予以治安管理处罚,或者依法提请撤销缓刑、撤销假释、对暂予监外执行的收监执行。

对社区矫正对象的考核结果,可以作为认定其是否确有悔改表现或者是否严重违反监督管理规定的依据。

第二十九条　社区矫正对象有下列情形之一的,经县级司法行政部门负责人批准,可以使用电子定位装置,加强监督管理:

(一)违反人民法院禁止令的;
(二)无正当理由,未经批准离开所居住的市、县的;
(三)拒不按照规定报告自己的活动情况,被给予警告的;
(四)违反监督管理规定,被给予治安管理处罚的;
(五)拟提请撤销缓刑、假释或者暂予监外执行收监执行的。

前款规定的使用电子定位装置的期限不得超过三个月。对于不需要继续使用的,应当及时解除;对于期限届满后,经评估仍有必要继续使用的,经过批准,期限可以延长,每次不得超过三个月。

社区矫正机构对通过电子定位装置获得的信息应当严格保密,有关信息只能用于社区矫正工作,不得用于其他用途。

第三十条　社区矫正对象失去联系的,社区矫正机构应当立即组织查找,公安机关等有关单位和人员应当予以配合协助。查找到社区矫正对象后,应当区别情形依法作出处理。

第三十一条　社区矫正机构发现社区矫正对象正在实施违反监督管理规定的行为或者违反人民法院禁止令等违法行为的,应当立即制止;制止无效的,应当立即通知公安机关到场处置。

第三十二条　社区矫正对象有被依法决定拘留、强制隔离戒毒、采取刑事强制措施等限制人身自由情形的,有关机关应当及时通知社区矫正机构。

第三十三条　社区矫正对象符合刑法规定的减刑条件的,社区矫正机构应当向社区矫正执行地的中级以上人民法院提出减刑建议,并将减刑建议书抄送同级人民检察院。

人民法院应当在收到社区矫正机构的减刑建议书后三十日内作出裁定,并将裁定书送达社区矫正机构,同时抄送人民检察院、公安机关。

第三十四条　开展社区矫正工作,应当保障社区矫正对象的合法权益。社区矫正的措施和方法应当避免对社区矫正对象的正常工作和生活造成不必要的影响;非依法律规定,不得限制或者变相限制社区矫正对象的人身自由。

社区矫正对象认为其合法权益受到侵害的,有权向人民检察院或者有关机关申诉、控告和检举。受理机关应当及时办理,并将办理结果告知申诉人、控告人和检举人。

第五章　教育帮扶

第三十五条　县级以上地方人民政府及其有关部门应当通过多种形式为教育帮扶社区矫正对象提供必要的场所和条件,组织动员社会力量参与教育帮扶工作。

有关人民团体应当依法协助社区矫正机构做好教育帮扶工作。

第三十六条　社区矫正机构根据需要,对社区矫正对象进行法治、道德等教育,增强其法治观念,提高其道德素质和悔罪意识。

对社区矫正对象的教育应当根据其个体特征、日常表现等实际情况,充分考虑其工作和生活情况,因人施教。

第三十七条　社区矫正机构可以协调有关部门和单位,依法对就业困难的社区矫正对象开展职业技能培训、就业指导,帮助社区矫正对象中的在校学生完成学业。

第三十八条　居民委员会、村民委员会可以引导志愿者和社区群众,利用社区资源,采取多种形式,对有特殊困难的社区矫正对象进行必要的教育帮扶。

第三十九条　社区矫正对象的监护人、家庭成员,所在单位或者就读学校应当协助社区矫正机构做好对社区矫正对象的教育。

第四十条　社区矫正机构可以通过公开择优购买社区矫正社会工作服务或者其他社会服务，为社区矫正对象在教育、心理辅导、职业技能培训、社会关系改善等方面提供必要的帮扶。

社区矫正机构也可以通过项目委托社会组织等方式开展上述帮扶活动。国家鼓励有经验和资源的社会组织跨地区开展帮扶交流和示范活动。

第四十一条　国家鼓励企业事业单位、社会组织为社区矫正对象提供就业岗位和职业技能培训。招用符合条件的社区矫正对象的企业，按照规定享受国家优惠政策。

第四十二条　社区矫正机构可以根据社区矫正对象的个人特长，组织其参加公益活动，修复社会关系，培养社会责任感。

第四十三条　社区矫正对象可以按照国家有关规定申请社会救助、参加社会保险、获得法律援助，社区矫正机构应当给予必要的协助。

第六章　解除和终止

第四十四条　社区矫正对象矫正期满或者被赦免的，社区矫正机构应当向社区矫正对象发放解除社区矫正证明书，并通知社区矫正决定机关、所在地的人民检察院、公安机关。

第四十五条　社区矫正对象被裁定撤销缓刑、假释，被决定收监执行，或者社区矫正对象死亡的，社区矫正终止。

第四十六条　社区矫正对象具有刑法规定的撤销缓刑、假释情形的，应当由人民法院撤销缓刑、假释。

对于在考验期限内犯新罪或者发现判决宣告以前还有其他罪没有判决的，应当由审理该案件的人民法院撤销缓刑、假释，并书面通知原审人民法院和执行地社区矫正机构。

对于有第二款规定以外的其他需要撤销缓刑、假释情形的，社区矫正机构应当向原审人民法院或者执行地人民法院提出撤销缓刑、假释建议，并将建议书抄送人民检察院。社区矫正机构提出撤销缓刑、假释建议时，应当说明理由，并提供有关证据材料。

第四十七条　被提请撤销缓刑、假释的社区矫正对象可能逃跑或者可能发生社会危险的，社区矫正机构可以在提出撤销缓刑、假释建议的同时，提请人民法院决定对其予以逮捕。

人民法院应当在四十八小时内作出是否逮捕的决定。决定逮捕的，由公安机关执行。逮捕后的羁押期限不得超过三十日。

第四十八条 人民法院应当在收到社区矫正机构撤销缓刑、假释建议书后三十日内作出裁定,将裁定书送达社区矫正机构和公安机关,并抄送人民检察院。

人民法院拟撤销缓刑、假释的,应当听取社区矫正对象的申辩及其委托的律师的意见。

人民法院裁定撤销缓刑、假释的,公安机关应当及时将社区矫正对象送交监狱或者看守所执行。执行以前被逮捕的,羁押一日折抵刑期一日。

人民法院裁定不予撤销缓刑、假释的,对被逮捕的社区矫正对象,公安机关应当立即予以释放。

第四十九条 暂予监外执行的社区矫正对象具有刑事诉讼法规定的应当予以收监情形的,社区矫正机构应当向执行地或者原社区矫正决定机关提出收监执行建议,并将建议书抄送人民检察院。

社区矫正决定机关应当在收到建议书后三十日内作出决定,将决定书送达社区矫正机构和公安机关,并抄送人民检察院。

人民法院、公安机关对暂予监外执行的社区矫正对象决定收监执行的,由公安机关立即将社区矫正对象送交监狱或者看守所收监执行。

监狱管理机关对暂予监外执行的社区矫正对象决定收监执行的,监狱应当立即将社区矫正对象收监执行。

第五十条 被裁定撤销缓刑、假释和被决定收监执行的社区矫正对象逃跑的,由公安机关追捕,社区矫正机构、有关单位和个人予以协助。

第五十一条 社区矫正对象在社区矫正期间死亡的,其监护人、家庭成员应当及时向社区矫正机构报告。社区矫正机构应当及时通知社区矫正决定机关、所在地的人民检察院、公安机关。

第七章 未成年人社区矫正特别规定

第五十二条 社区矫正机构应当根据未成年社区矫正对象的年龄、心理特点、发育需要、成长经历、犯罪原因、家庭监护教育条件等情况,采取针对性的矫正措施。

社区矫正机构为未成年社区矫正对象确定矫正小组,应当吸收熟悉未成年人身心特点的人员参加。

对未成年人的社区矫正,应当与成年人分别进行。

第五十三条　未成年社区矫正对象的监护人应当履行监护责任,承担抚养、管教等义务。

监护人怠于履行监护职责的,社区矫正机构应当督促、教育其履行监护责任。监护人拒不履行监护职责的,通知有关部门依法作出处理。

第五十四条　社区矫正机构工作人员和其他依法参与社区矫正工作的人员对履行职责过程中获得的未成年人身份信息应当予以保密。

除司法机关办案需要或者有关单位根据国家规定查询外,未成年社区矫正对象的档案信息不得提供给任何单位或者个人。依法进行查询的单位,应当对获得的信息予以保密。

第五十五条　对未完成义务教育的未成年社区矫正对象,社区矫正机构应当通知并配合教育部门为其完成义务教育提供条件。未成年社区矫正对象的监护人应当依法保证其按时入学接受并完成义务教育。

年满十六周岁的社区矫正对象有就业意愿的,社区矫正机构可以协调有关部门和单位为其提供职业技能培训,给予就业指导和帮助。

第五十六条　共产主义青年团、妇女联合会、未成年人保护组织应当依法协助社区矫正机构做好未成年人社区矫正工作。

国家鼓励其他未成年人相关社会组织参与未成年人社区矫正工作,依法给予政策支持。

第五十七条　未成年社区矫正对象在复学、升学、就业等方面依法享有与其他未成年人同等的权利,任何单位和个人不得歧视。有歧视行为的,应当由教育、人力资源和社会保障等部门依法作出处理。

第五十八条　未成年社区矫正对象在社区矫正期间年满十八周岁的,继续按照未成年人社区矫正有关规定执行。

第八章　法　律　责　任

第五十九条　社区矫正对象在社区矫正期间有违反监督管理规定行为的,由公安机关依照《中华人民共和国治安管理处罚法》的规定给予处罚;具有撤销缓刑、假释或者暂予监外执行收监情形的,应当依法作出处理。

第六十条　社区矫正对象殴打、威胁、侮辱、骚扰、报复社区矫正机构工作人员和其他依法参与社区矫正工作的人员及其近亲属,构成犯罪的,依法追究刑事责任;尚不构成犯罪的,由公安机关依法给予治安管理处罚。

第六十一条　社区矫正机构工作人员和其他国家工作人员有下列行为

之一的,应当给予处分;构成犯罪的,依法追究刑事责任:

(一)利用职务或者工作便利索取、收受贿赂的;

(二)不履行法定职责的;

(三)体罚、虐待社区矫正对象,或者违反法律规定限制或者变相限制社区矫正对象的人身自由的;

(四)泄露社区矫正工作秘密或者其他依法应当保密的信息的;

(五)对依法申诉、控告或者检举的社区矫正对象进行打击报复的;

(六)有其他违纪违法行为的。

第六十二条 人民检察院发现社区矫正工作违反法律规定的,应当依法提出纠正意见、检察建议。有关单位应当将采纳纠正意见、检察建议的情况书面回复人民检察院,没有采纳的应当说明理由。

第九章　附　　则

第六十三条 本法自 2020 年 7 月 1 日起施行。

中华人民共和国刑法(节选)

(1979年7月1日第五届全国人民代表大会第二次会议通过 1997年3月14日第八届全国人民代表大会第五次会议修订 根据1998年12月29日第九届全国人民代表大会常务委员会第六次会议通过的《全国人民代表大会常务委员会关于惩治骗购外汇、逃汇和非法买卖外汇犯罪的决定》、1999年12月25日第九届全国人民代表大会常务委员会第十三次会议通过的《中华人民共和国刑法修正案》、2001年8月31日第九届全国人民代表大会常务委员会第二十三次会议通过的《中华人民共和国刑法修正案(二)》、2001年12月29日第九届全国人民代表大会常务委员会第二十五次会议通过的《中华人民共和国刑法修正案(三)》、2002年12月28日第九届全国人民代表大会常务委员会第三十一次会议通过的《中华人民共和国刑法修正案(四)》、2005年2月28日第十届全国人民代表大会常务委员会第十四次会议通过的《中华人民共和国刑法修正案(五)》、2006年6月29日第十届全国人民代表大会常务委员会第二十二次会议通过的《中华人民共和国刑法修正案(六)》、2009年2月28日第十一届全国人民代表大会常务委员会第七次会议通过的《中华人民共和国刑法修正案(七)》、2009年8月27日第十一届全国人民代表大会常务委员会第十次会议通过的《全国人民代表大会常务委员会关于修改部分法律的决定》、2011年2月25日第十一届全国人民代表大会常务委员会第十九次会议通过的《中华人民共和国刑法修正案(八)》、2015年8月29日第十二届全国人民代表大会常务委员会第十六次会议通过的《中华人民共和国刑法修正案(九)》、2017年11月4日第十二届全国人民代表大会常务委员会第三十次会议通过的《中华人民共和国刑法修正案(十)》、2020年12月26日第十三届全国人民代表大会常务委员会第二十四次会议通过的《中华人民共和国刑法修正案(十一)》和2023年12月29日第十四届全国人民代表大会常务委员会第七次会议通过的《中华人民共和国刑法修正案(十二)》修正)[①]

[①] 刑法、历次刑法修正案、涉及修改刑法的决定的施行日期,分别依据各法律所规定的施行日期确定。

第十七条 已满十六周岁的人犯罪,应当负刑事责任。

已满十四周岁不满十六周岁的人,犯故意杀人、故意伤害致人重伤或者死亡、强奸、抢劫、贩卖毒品、放火、爆炸、投放危险物质罪的,应当负刑事责任。

已满十二周岁不满十四周岁的人,犯故意杀人、故意伤害罪,致人死亡或者以特别残忍手段致人重伤造成严重残疾,情节恶劣,经最高人民检察院核准追诉的,应当负刑事责任。

对依照前三款规定追究刑事责任的不满十八周岁的人,应当从轻或者减轻处罚。

因不满十六周岁不予刑事处罚的,责令其父母或者其他监护人加以管教;在必要的时候,依法进行专门矫治教育。

第十七条之一 已满七十五周岁的人故意犯罪的,可以从轻或者减轻处罚;过失犯罪的,应当从轻或者减轻处罚。

第三十八条 管制的期限,为三个月以上二年以下。

判处管制,可以根据犯罪情况,同时禁止犯罪分子在执行期间从事特定活动,进入特定区域、场所,接触特定的人。

对判处管制的犯罪分子,依法实行社区矫正。

违反第二款规定的禁止令的,由公安机关依照《中华人民共和国治安管理处罚法》的规定处罚。

第三十九条 被判处管制的犯罪分子,在执行期间,应当遵守下列规定:

(一)遵守法律、行政法规,服从监督;

(二)未经执行机关批准,不得行使言论、出版、集会、结社、游行、示威自由的权利;

(三)按照执行机关规定报告自己的活动情况;

(四)遵守执行机关关于会客的规定;

(五)离开所居住的市、县或者迁居,应当报经执行机关批准。

对于被判处管制的犯罪分子,在劳动中应当同工同酬。

第四十条 被判处管制的犯罪分子,管制期满,执行机关应即向本人和其所在单位或者居住地的群众宣布解除管制。

第四十一条 管制的刑期,从判决执行之日起计算;判决执行以前先行羁押的,羁押一日折抵刑期二日。

第四十六条 被判处有期徒刑、无期徒刑的犯罪分子,在监狱或者其他执行场所执行;凡有劳动能力的,都应当参加劳动,接受教育和改造。

第七十二条　对于被判处拘役、三年以下有期徒刑的犯罪分子,同时符合下列条件的,可以宣告缓刑,对其中不满十八周岁的人、怀孕的妇女和已满七十五周岁的人,应当宣告缓刑:

(一)犯罪情节较轻;

(二)有悔罪表现;

(三)没有再犯罪的危险;

(四)宣告缓刑对所居住社区没有重大不良影响。

宣告缓刑,可以根据犯罪情况,同时禁止犯罪分子在缓刑考验期限内从事特定活动,进入特定区域、场所,接触特定的人。

被宣告缓刑的犯罪分子,如果被判处附加刑,附加刑仍须执行。

第七十三条　拘役的缓刑考验期限为原判刑期以上一年以下,但是不能少于二个月。

有期徒刑的缓刑考验期限为原判刑期以上五年以下,但是不能少于一年。

缓刑考验期限,从判决确定之日起计算。

第七十四条　对于累犯和犯罪集团的首要分子,不适用缓刑。

第七十五条　被宣告缓刑的犯罪分子,应当遵守下列规定:

(一)遵守法律、行政法规,服从监督;

(二)按照考察机关的规定报告自己的活动情况;

(三)遵守考察机关关于会客的规定;

(四)离开所居住的市、县或者迁居,应当报经考察机关批准。

第七十六条　对宣告缓刑的犯罪分子,在缓刑考验期限内,依法实行社区矫正,如果没有本法第七十七条规定的情形,缓刑考验期满,原判的刑罚就不再执行,并公开予以宣告。

第七十七条　被宣告缓刑的犯罪分子,在缓刑考验期限内犯新罪或者发现判决宣告以前还有其他罪没有判决的,应当撤销缓刑,对新犯的罪或者新发现的罪作出判决,把前罪和后罪所判处的刑罚,依照本法第六十九条的规定,决定执行的刑罚。

被宣告缓刑的犯罪分子,在缓刑考验期限内,违反法律、行政法规或者国务院有关部门关于缓刑的监督管理规定,或者违反人民法院判决中的禁止令,情节严重的,应当撤销缓刑,执行原判刑罚。

第七十八条　被判处管制、拘役、有期徒刑、无期徒刑的犯罪分子,在执行期间,如果认真遵守监规,接受教育改造,确有悔改表现的,或者有立功表

现的,可以减刑;有下列重大立功表现之一的,应当减刑:

(一)阻止他人重大犯罪活动的;

(二)检举监狱内外重大犯罪活动,经查证属实的;

(三)有发明创造或者重大技术革新的;

(四)在日常生产、生活中舍己救人的;

(五)在抗御自然灾害或者排除重大事故中,有突出表现的;

(六)对国家和社会有其他重大贡献的。

减刑以后实际执行的刑期不能少于下列期限:

(一)判处管制、拘役、有期徒刑的,不能少于原判刑期的二分之一;

(二)判处无期徒刑的,不能少于十三年;

(三)人民法院依照本法第五十条第二款规定限制减刑的死刑缓期执行的犯罪分子,缓期执行期满后依法减为无期徒刑的,不能少于二十五年,缓期执行期满后依法减为二十五年有期徒刑的,不能少于二十年。

第七十九条 对于犯罪分子的减刑,由执行机关向中级以上人民法院提出减刑建议书。人民法院应当组成合议庭进行审理,对确有悔改或者立功事实的,裁定予以减刑。非经法定程序不得减刑。

第八十条 无期徒刑减为有期徒刑的刑期,从裁定减刑之日起计算。

第七节 假 释

第八十一条 被判处有期徒刑的犯罪分子,执行原判刑期二分之一以上,被判处无期徒刑的犯罪分子,实际执行十三年以上,如果认真遵守监规,接受教育改造,确有悔改表现,没有再犯罪的危险的,可以假释。如果有特殊情况,经最高人民法院核准,可以不受上述执行刑期的限制。

对累犯以及因故意杀人、强奸、抢劫、绑架、放火、爆炸、投放危险物质或者有组织的暴力性犯罪被判处十年以上有期徒刑、无期徒刑的犯罪分子,不得假释。

对犯罪分子决定假释时,应当考虑其假释后对所居住社区的影响。

第八十二条 对于犯罪分子的假释,依照本法第七十九条规定的程序进行。非经法定程序不得假释。

第八十三条 有期徒刑的假释考验期限,为没有执行完毕的刑期;无期徒刑的假释考验期限为十年。

假释考验期限,从假释之日起计算。

第八十四条 被宣告假释的犯罪分子,应当遵守下列规定:
(一)遵守法律、行政法规,服从监督;
(二)按照监督机关的规定报告自己的活动情况;
(三)遵守监督机关关于会客的规定;
(四)离开所居住的市、县或者迁居,应当报经监督机关批准。

第八十五条 对假释的犯罪分子,在假释考验期限内,依法实行社区矫正,如果没有本法第八十六条规定的情形,假释考验期满,就认为原判刑罚已经执行完毕,并公开予以宣告。

第八十六条 被假释的犯罪分子,在假释考验期限内犯新罪,应当撤销假释,依照本法第七十一条的规定实行数罪并罚。

在假释考验期限内,发现被假释的犯罪分子在判决宣告以前还有其他罪没有判决的,应当撤销假释,依照本法第七十条的规定实行数罪并罚。

被假释的犯罪分子,在假释考验期限内,有违反法律、行政法规或者国务院有关部门关于假释的监督管理规定的行为,尚未构成新的犯罪的,应当依照法定程序撤销假释,收监执行未执行完毕的刑罚。

第一百条 依法受过刑事处罚的人,在入伍、就业的时候,应当如实向有关单位报告自己曾受过刑事处罚,不得隐瞒。

犯罪的时候不满十八周岁被判处五年有期徒刑以下刑罚的人,免除前款规定的报告义务。

中华人民共和国刑事诉讼法（节选）

（1979年7月1日第五届全国人民代表大会第二次会议通过 根据1996年3月17日第八届全国人民代表大会第四次会议《关于修改〈中华人民共和国刑事诉讼法〉的决定》第一次修正 根据2012年3月14日第十一届全国人民代表大会第五次会议《关于修改〈中华人民共和国刑事诉讼法〉的决定》第二次修正 根据2018年10月26日第十三届全国人民代表大会常务委员会第六次会议《关于修改〈中华人民共和国刑事诉讼法〉的决定》第三次修正）

第二百六十五条 对被判处有期徒刑或者拘役的罪犯，有下列情形之一的，可以暂予监外执行：

（一）有严重疾病需要保外就医的；

（二）怀孕或者正在哺乳自己婴儿的妇女；

（三）生活不能自理，适用暂予监外执行不致危害社会的。

对被判处无期徒刑的罪犯，有前款第二项规定情形的，可以暂予监外执行。

对适用保外就医可能有社会危险性的罪犯，或者自伤自残的罪犯，不得保外就医。

对罪犯确有严重疾病，必须保外就医的，由省级人民政府指定的医院诊断并开具证明文件。

在交付执行前，暂予监外执行由交付执行的人民法院决定；在交付执行后，暂予监外执行由监狱或者看守所提出书面意见，报省级以上监狱管理机关或者设区的市一级以上公安机关批准。

第二百六十六条 监狱、看守所提出暂予监外执行的书面意见的，应当将书面意见的副本抄送人民检察院。人民检察院可以向决定或者批准机关提出书面意见。

第二百六十七条 决定或者批准暂予监外执行的机关应当将暂予监外执行决定抄送人民检察院。人民检察院认为暂予监外执行不当的，应当自接到通知之日起一个月以内将书面意见送交决定或者批准暂予监外执行的机关,决定或者批准暂予监外执行的机关接到人民检察院的书面意见后,应当立即对该决定进行重新核查。

第二百六十八条　对暂予监外执行的罪犯,有下列情形之一的,应当及时收监:

(一)发现不符合暂予监外执行条件的;

(二)严重违反有关暂予监外执行监督管理规定的;

(三)暂予监外执行的情形消失后,罪犯刑期未满的。

对于人民法院决定暂予监外执行的罪犯应当予以收监的,由人民法院作出决定,将有关的法律文书送达公安机关、监狱或者其他执行机关。

不符合暂予监外执行条件的罪犯通过贿赂等非法手段被暂予监外执行的,在监外执行的期间不计入执行刑期。罪犯在暂予监外执行期间脱逃的,脱逃的期间不计入执行刑期。

罪犯在暂予监外执行期间死亡的,执行机关应当及时通知监狱或者看守所。

第二百六十九条　对被判处管制、宣告缓刑、假释或者暂予监外执行的罪犯,依法实行社区矫正,由社区矫正机构负责执行。

第二百七十三条　罪犯在服刑期间又犯罪的,或者发现了判决的时候所没有发现的罪行,由执行机关移送人民检察院处理。

被判处管制、拘役、有期徒刑或者无期徒刑的罪犯,在执行期间确有悔改或者立功表现,应当依法予以减刑、假释的时候,由执行机关提出建议书,报请人民法院审核裁定,并将建议书副本抄送人民检察院。人民检察院可以向人民法院提出书面意见。

第二百七十四条　人民检察院认为人民法院减刑、假释的裁定不当,应当在收到裁定书副本后二十日以内,向人民法院提出书面纠正意见。人民法院应当在收到纠正意见后一个月以内重新组成合议庭进行审理,作出最终裁定。

第二百七十五条　监狱和其他执行机关在刑罚执行中,如果认为判决有错误或者罪犯提出申诉,应当转请人民检察院或者原判人民法院处理。

第二百七十六条　人民检察院对执行机关执行刑罚的活动是否合法实行监督。如果发现有违法的情况,应当通知执行机关纠正。

第二百七十七条　对犯罪的未成年人实行教育、感化、挽救的方针,坚持教育为主、惩罚为辅的原则。

19

人民法院、人民检察院和公安机关办理未成年人刑事案件,应当保障未成年人行使其诉讼权利,保障未成年人得到法律帮助,并由熟悉未成年人身心特点的审判人员、检察人员、侦查人员承办。

第二百七十九条 公安机关、人民检察院、人民法院办理未成年人刑事案件,根据情况可以对未成年犯罪嫌疑人、被告人的成长经历、犯罪原因、监护教育等情况进行调查。

第二百八十条 对未成年犯罪嫌疑人、被告人应当严格限制适用逮捕措施。人民检察院审查批准逮捕和人民法院决定逮捕,应当讯问未成年犯罪嫌疑人、被告人,听取辩护律师的意见。

对被拘留、逮捕和执行刑罚的未成年人与成年人应当分别关押、分别管理、分别教育。

第二百八十六条 犯罪的时候不满十八周岁,被判处五年有期徒刑以下刑罚的,应当对相关犯罪记录予以封存。

犯罪记录被封存的,不得向任何单位和个人提供,但司法机关为办案需要或者有关单位根据国家规定进行查询的除外。依法进行查询的单位,应当对被封存的犯罪记录的情况予以保密。

中华人民共和国未成年人保护法(节选)

(1991年9月4日第七届全国人民代表大会常务委员会第二十一次会议通过 2006年12月29日第十届全国人民代表大会常务委员会第二十五次会议第一次修订 根据2012年10月26日第十一届全国人民代表大会常务委员会第二十九次会议《关于修改〈中华人民共和国未成年人保护法〉的决定》第一次修正 2020年10月17日第十三届全国人民代表大会常务委员会第二十二次会议第二次修订 根据2024年4月26日第十四届全国人民代表大会常务委员会第九次会议《关于修改〈中华人民共和国农业技术推广法〉、〈中华人民共和国未成年人保护法〉、〈中华人民共和国生物安全法〉的决定》第二次修正)

第一百条 公安机关、人民检察院、人民法院和司法行政部门应当依法履行职责,保障未成年人合法权益。

第一百零一条 公安机关、人民检察院、人民法院和司法行政部门应当确定专门机构或者指定专门人员,负责办理涉及未成年人案件。办理涉及未成年人案件的人员应当经过专门培训,熟悉未成年人身心特点。专门机构或者专门人员中,应当有女性工作人员。

公安机关、人民检察院、人民法院和司法行政部门应当对上述机构和人员实行与未成年人保护工作相适应的评价考核标准。

第一百零二条 公安机关、人民检察院、人民法院和司法行政部门办理涉及未成年人案件,应当考虑未成年人身心特点和健康成长的需要,使用未成年人能够理解的语言和表达方式,听取未成年人的意见。

第一百零三条 公安机关、人民检察院、人民法院、司法行政部门以及其他组织和个人不得披露有关案件中未成年人的姓名、影像、住所、就读学校以及其他可能识别出其身份的信息,但查找失踪、被拐卖未成年人等情形除外。

第一百一十四条 公安机关、人民检察院、人民法院和司法行政部门发现有关单位未尽到未成年人教育、管理、救助、看护等保护职责的,应当向该单位提出建议。被建议单位应当在一个月内作出书面回复。

第一百一十五条 公安机关、人民检察院、人民法院和司法行政部门应当结合实际,根据涉及未成年人案件的特点,开展未成年人法治宣传教育工作。

第一百一十六条 国家鼓励和支持社会组织、社会工作者参与涉及未成年人案件中未成年人的心理干预、法律援助、社会调查、社会观护、教育矫治、社区矫正等工作。

中华人民共和国预防
未成年人犯罪法（节选）

（1999年6月28日第九届全国人民代表大会常务委员会第十次会议通过 根据2012年10月26日第十一届全国人民代表大会常务委员会第二十九次会议《关于修改〈中华人民共和国预防未成年人犯罪法〉的决定》修正 2020年12月26日第十三届全国人民代表大会常务委员会第二十四次会议修订 2020年12月26日中华人民共和国主席令第64号公布 自2021年6月1日起施行）

第五条 各级人民政府在预防未成年人犯罪方面的工作职责是：
（一）制定预防未成年人犯罪工作规划；
（二）组织公安、教育、民政、文化和旅游、市场监督管理、网信、卫生健康、新闻出版、电影、广播电视、司法行政等有关部门开展预防未成年人犯罪工作；
（三）为预防未成年人犯罪工作提供政策支持和经费保障；
（四）对本法的实施情况和工作规划的执行情况进行检查；
（五）组织开展预防未成年人犯罪宣传教育；
（六）其他预防未成年人犯罪工作职责。

第六条 国家加强专门学校建设，对有严重不良行为的未成年人进行专门教育。专门教育是国民教育体系的组成部分，是对有严重不良行为的未成年人进行教育和矫治的重要保护处分措施。

省级人民政府应当将专门教育发展和专门学校建设纳入经济社会发展规划。县级以上地方人民政府成立专门教育指导委员会，根据需要合理设置专门学校。

专门教育指导委员会由教育、民政、财政、人力资源社会保障、公安、司法行政、人民检察院、人民法院、共产主义青年团、妇女联合会、关心下一代工作委员会、专门学校等单位，以及律师、社会工作者等人员组成，研究确定专门学校教学、管理等相关工作。

专门学校建设和专门教育具体办法，由国务院规定。

第七条 公安机关、人民检察院、人民法院、司法行政部门应当由专门机构或者经过专业培训、熟悉未成年人身心特点的专门人员负责预防未成年人犯罪工作。

第八条 共产主义青年团、妇女联合会、工会、残疾人联合会、关心下一代工作委员会、青年联合会、学生联合会、少年先锋队以及有关社会组织，应当协助各级人民政府及其有关部门、人民检察院和人民法院做好预防未成年人犯罪工作，为预防未成年人犯罪培育社会力量，提供支持服务。

第九条 国家鼓励、支持和指导社会工作服务机构等社会组织参与预防未成年人犯罪相关工作，并加强监督。

第五十三条 对被拘留、逮捕以及在未成年犯管教所执行刑罚的未成年人，应当与成年人分别关押、管理和教育。对未成年人的社区矫正，应当与成年人分别进行。

对有上述情形且没有完成义务教育的未成年人，公安机关、人民检察院、人民法院、司法行政部门应当与教育行政部门相互配合，保证其继续接受义务教育。

第五十四条 未成年犯管教所、社区矫正机构应当对未成年犯、未成年社区矫正对象加强法治教育，并根据实际情况对其进行职业教育。

第五十五条 社区矫正机构应当告知未成年社区矫正对象安置帮教的有关规定，并配合安置帮教工作部门落实或者解决未成年社区矫正对象的就学、就业等问题。

第五十七条 未成年人的父母或者其他监护人和学校、居民委员会、村民委员会对接受社区矫正、刑满释放的未成年人，应当采取有效的帮教措施，协助司法机关以及有关部门做好安置帮教工作。

居民委员会、村民委员会可以聘请思想品德优秀，作风正派，热心未成年人工作的离退休人员、志愿者或其他人员协助做好前款规定的安置帮教工作。

第五十八条 刑满释放和接受社区矫正的未成年人，在复学、升学、就业等方面依法享有与其他未成年人同等的权利，任何单位和个人不得歧视。

第五十九条 未成年人的犯罪记录依法被封存的，公安机关、人民检察院、人民法院和司法行政部门不得向任何单位或者个人提供，但司法机关因办案需要或者有关单位根据国家有关规定进行查询的除外。依法进行查询的单位和个人应当对相关记录信息予以保密。

未成年人接受专门矫治教育、专门教育的记录,以及被行政处罚、采取刑事强制措施和不起诉的记录,适用前款规定。

第六十条 人民检察院通过依法行使检察权,对未成年人重新犯罪预防工作等进行监督。

中华人民共和国反有组织犯罪法(节选)

(2021年12月24日第十三届全国人民代表大会常务委员会第三十二次会议通过 2021年12月24日中华人民共和国主席令第101号公布 自2022年5月1日起施行)

第十八条 监狱、看守所、社区矫正机构对有组织犯罪的罪犯,应当采取有针对性的监管、教育、矫正措施。

有组织犯罪的罪犯刑满释放后,司法行政机关应当会同有关部门落实安置帮教等必要措施,促进其顺利融入社会。

第二十二条 办理有组织犯罪案件,应当以事实为根据,以法律为准绳,坚持宽严相济。

对有组织犯罪的组织者、领导者和骨干成员,应当严格掌握取保候审、不起诉、缓刑、减刑、假释和暂予监外执行的适用条件,充分适用剥夺政治权利、没收财产、罚金等刑罚。

有组织犯罪的犯罪嫌疑人、被告人自愿如实供述自己的罪行,承认指控的犯罪事实,愿意接受处罚的,可以依法从宽处理。

中华人民共和国反恐怖主义法(节选)

(2015年12月27日第十二届全国人民代表大会常务委员会第十八次会议通过 根据2018年4月27日第十三届全国人民代表大会常务委员会第二次会议《关于修改〈中华人民共和国国境卫生检疫法〉等六部法律的决定》修正)

第二十九条 对被教唆、胁迫、引诱参与恐怖活动、极端主义活动,或者参与恐怖活动、极端主义活动情节轻微,尚不构成犯罪的人员,公安机关应当组织有关部门、村民委员会、居民委员会、所在单位、就读学校、家庭和监护人对其进行帮教。

监狱、看守所、社区矫正机构应当加强对服刑的恐怖活动罪犯和极端主义罪犯的管理、教育、矫正等工作。监狱、看守所对恐怖活动罪犯和极端主义罪犯,根据教育改造和维护监管秩序的需要,可以与普通刑事罪犯混合关押,也可以个别关押。

中华人民共和国监狱法(节选)

(1994年12月29日第八届全国人民代表大会常务委员会第十一次会议通过 根据2012年10月26日第十一届全国人民代表大会常务委员会第二十九次会议《关于修改〈中华人民共和国监狱法〉的决定》修正)

第二十五条 对于被判处无期徒刑、有期徒刑在监内服刑的罪犯,符合刑事诉讼法规定的监外执行条件的,可以暂予监外执行。

第二十六条 暂予监外执行,由监狱提出书面意见,报省、自治区、直辖市监狱管理机关批准。批准机关应当将批准的暂予监外执行决定通知公安机关和原判人民法院,并抄送人民检察院。

人民检察院认为对罪犯适用暂予监外执行不当的,应当自接到通知之日起一个月内将书面意见送交批准暂予监外执行的机关,批准暂予监外执行的机关接到人民检察院的书面意见后,应当立即对该决定进行重新核查。

第二十七条 对暂予监外执行的罪犯,依法实行社区矫正,由社区矫正机构负责执行。原关押监狱应当及时将罪犯在监内改造情况通报负责执行的社区矫正机构。

第二十八条 暂予监外执行的罪犯具有刑事诉讼法规定的应当收监的情形的,社区矫正机构应当及时通知监狱收监;刑期届满的,由原关押监狱办理释放手续。罪犯在暂予监外执行期间死亡的,社区矫正机构应当及时通知原关押监狱。

第四节 减刑、假释

第二十九条 被判处无期徒刑、有期徒刑的罪犯,在服刑期间确有悔改或者立功表现的,根据监狱考核的结果,可以减刑。有下列重大立功表现之一的,应当减刑:

(一)阻止他人重大犯罪活动的;

(二)检举监狱内外重大犯罪活动,经查证属实的;

(三)有发明创造或者重大技术革新的;
(四)在日常生产、生活中舍己救人的;
(五)在抗御自然灾害或者排除重大事故中,有突出表现的;
(六)对国家和社会有其他重大贡献的。

第三十条 减刑建议由监狱向人民法院提出,人民法院应当自收到减刑建议书之日起一个月内予以审核裁定;案情复杂或者情况特殊的,可以延长一个月。减刑裁定的副本应当抄送人民检察院。

第三十二条 被判处无期徒刑、有期徒刑的罪犯,符合法律规定的假释条件的,由监狱根据考核结果向人民法院提出假释建议,人民法院应当自收到假释建议书之日起一个月内予以审核裁定;案情复杂或者情况特殊的,可以延长一个月。假释裁定的副本应当抄送人民检察院。

第三十三条 人民法院裁定假释的,监狱应当按期假释并发给假释证明书。

对被假释的罪犯,依法实行社区矫正,由社区矫正机构负责执行。被假释的罪犯,在假释考验期限内有违反法律、行政法规或者国务院有关部门关于假释的监督管理规定的行为,尚未构成新的犯罪的,社区矫正机构应当向人民法院提出撤销假释的建议,人民法院应当自收到撤销假释建议书之日起一个月内予以审核裁定。人民法院裁定撤销假释的,由公安机关将罪犯送交监狱收监。

第三十四条 对不符合法律规定的减刑、假释条件的罪犯,不得以任何理由将其减刑、假释。

人民检察院认为人民法院减刑、假释的裁定不当,应当依照刑事诉讼法规定的期间向人民法院提出书面纠正意见。对于人民检察院提出书面纠正意见的案件,人民法院应当重新审理。

中华人民共和国治安管理处罚法(节选)

(2005年8月28日第十届全国人民代表大会常务委员会第十七次会议通过 根据2012年10月26日第十一届全国人民代表大会常务委员会第二十九次会议《关于修改〈中华人民共和国治安管理处罚法〉的决定》修正)

第十条 治安管理处罚的种类分为:
(一)警告;
(二)罚款;
(三)行政拘留;
(四)吊销公安机关发放的许可证。
对违反治安管理的外国人,可以附加适用限期出境或者驱逐出境。

第十二条 已满十四周岁不满十八周岁的人违反治安管理的,从轻或者减轻处罚;不满十四周岁的人违反治安管理的,不予处罚,但是应当责令其监护人严加管教。

第十六条 有两种以上违反治安管理行为的,分别决定,合并执行。行政拘留处罚合并执行的,最长不超过二十日。

第十九条 违反治安管理有下列情形之一的,减轻处罚或者不予处罚:
(一)情节特别轻微的;
(二)主动消除或者减轻违法后果,并取得被侵害人谅解的;
(三)出于他人胁迫或者诱骗的;
(四)主动投案,向公安机关如实陈述自己的违法行为的;
(五)有立功表现的。

第二十条 违反治安管理有下列情形之一的,从重处罚:
(一)有较严重后果的;
(二)教唆、胁迫、诱骗他人违反治安管理的;
(三)对报案人、控告人、举报人、证人打击报复的;
(四)六个月内曾受过治安管理处罚的。

第二十一条 违反治安管理行为人有下列情形之一,依照本法应当给予

行政拘留处罚的,不执行行政拘留处罚:

（一）已满十四周岁不满十六周岁的；

（二）已满十六周岁不满十八周岁,初次违反治安管理的；

（三）七十周岁以上的；

（四）怀孕或者哺乳自己不满一周岁婴儿的。

第二十二条 违反治安管理行为在六个月内没有被公安机关发现的,不再处罚。

前款规定的期限,从违反治安管理行为发生之日起计算；违反治安管理行为有连续或者继续状态的,从行为终了之日起计算。

第六十条 有下列行为之一的,处五日以上十日以下拘留,并处二百元以上五百元以下罚款:

（一）隐藏、转移、变卖或者损毁行政执法机关依法扣押、查封、冻结的财物的；

（二）伪造、隐匿、毁灭证据或者提供虚假证言、谎报案情,影响行政执法机关依法办案的；

（三）明知是赃物而窝藏、转移或者代为销售的；

（四）被依法执行管制、剥夺政治权利或者在缓刑、暂予监外执行中的罪犯或者被依法采取刑事强制措施的人,有违反法律、行政法规或者国务院有关部门的监督管理规定的行为。

第九十二条 对决定给予行政拘留处罚的人,在处罚前已经采取强制措施限制人身自由的时间,应当折抵。限制人身自由一日,折抵行政拘留一日。

第九十六条 公安机关作出治安管理处罚决定的,应当制作治安管理处罚决定书。决定书应当载明下列内容:

（一）被处罚人的姓名、性别、年龄、身份证件的名称和号码、住址；

（二）违法事实和证据；

（三）处罚的种类和依据；

（四）处罚的执行方式和期限；

（五）对处罚决定不服,申请行政复议、提起行政诉讼的途径和期限；

（六）作出处罚决定的公安机关的名称和作出决定的日期。

决定书应当由作出处罚决定的公安机关加盖印章。

第九十八条 公安机关作出吊销许可证以及处二千元以上罚款的治安管理处罚决定前,应当告知违反治安管理行为人有权要求举行听证；违反治安管理行为人要求听证的,公安机关应当及时依法举行听证。

第一百条 违反治安管理行为事实清楚,证据确凿,处警告或者二百元以下罚款的,可以当场作出治安管理处罚决定。

第一百零三条 对被决定给予行政拘留处罚的人,由作出决定的公安机关送达拘留所执行。

第一百零四条 受到罚款处罚的人应当自收到处罚决定书之日起十五日内,到指定的银行缴纳罚款。但是,有下列情形之一的,人民警察可以当场收缴罚款:

(一)被处五十元以下罚款,被处罚人对罚款无异议的;

(二)在边远、水上、交通不便地区,公安机关及其人民警察依照本法的规定作出罚款决定后,被处罚人向指定的银行缴纳罚款确有困难,经被处罚人提出的;

(三)被处罚人在当地没有固定住所,不当场收缴事后难以执行的。

中华人民共和国出境入境管理法(节选)

(2012年6月30日第十一届全国人民代表大会常务委员会第二十七次会议通过 2012年6月30日中华人民共和国主席令第57号公布 自2013年7月1日起施行)

第十二条 中国公民有下列情形之一的,不准出境:
(一)未持有效出境入境证件或者拒绝、逃避接受边防检查的;
(二)被判处刑罚尚未执行完毕或者属于刑事案件被告人、犯罪嫌疑人的;
(三)有未了结的民事案件,人民法院决定不准出境的;
(四)因妨害国(边)境管理受到刑事处罚或者因非法出境、非法居留、非法就业被其他国家或者地区遣返,未满不准出境规定年限的;
(五)可能危害国家安全和利益,国务院有关主管部门决定不准出境的;
(六)法律、行政法规规定不准出境的其他情形。

第二十八条 外国人有下列情形之一的,不准出境:
(一)被判处刑罚尚未执行完毕或者属于刑事案件被告人、犯罪嫌疑人的,但是按照中国与外国签订的有关协议,移管被判刑人的除外;
(二)有未了结的民事案件,人民法院决定不准出境的;
(三)拖欠劳动者的劳动报酬,经国务院有关部门或者省、自治区、直辖市人民政府决定不准出境的;
(四)法律、行政法规规定不准出境的其他情形。

二、司法解释

最高人民法院关于适用
《中华人民共和国刑事诉讼法》的解释(节选)

(2021年1月26日　法释〔2021〕1号)

2018年10月26日,第十三届全国人民代表大会常务委员会第六次会议通过了《关于修改〈中华人民共和国刑事诉讼法〉的决定》。为正确理解和适用修改后的刑事诉讼法,结合人民法院审判工作实际,制定本解释。

第一百七十二条 被采取强制措施的被告人,被判处管制、缓刑的,在社区矫正开始后,强制措施自动解除;被单处附加刑的,在判决、裁定发生法律效力后,强制措施自动解除;被判处监禁刑的,在刑罚开始执行后,强制措施自动解除。

第五百一十五条 被判处无期徒刑、有期徒刑或者拘役的罪犯,符合刑事诉讼法第二百六十五条第一款、第二款的规定,人民法院决定暂予监外执行的,应当制作暂予监外执行决定书,写明罪犯基本情况、判决确定的罪名和刑罚、决定暂予监外执行的原因、依据等。

人民法院在作出暂予监外执行决定前,应当征求人民检察院的意见。

人民检察院认为人民法院的暂予监外执行决定不当,在法定期限内提出书面意见的,人民法院应当立即对该决定重新核查,并在一个月以内作出决定。

对暂予监外执行的罪犯,适用本解释第五百一十九条的有关规定,依法实行社区矫正。

人民法院决定暂予监外执行的,由看守所或者执行取保候审、监视居住的公安机关自收到决定之日起十日以内将罪犯移送社区矫正机构。

第五百一十六条 人民法院收到社区矫正机构的收监执行建议书后,经审查,确认暂予监外执行的罪犯具有下列情形之一的,应当作出收监执行的决定:

(一)不符合暂予监外执行条件的;

（二）未经批准离开所居住的市、县，经警告拒不改正，或者拒不报告行踪，脱离监管的；

（三）因违反监督管理规定受到治安管理处罚，仍不改正的；

（四）受到执行机关两次警告，仍不改正的；

（五）保外就医期间不按规定提交病情复查情况，经警告拒不改正的；

（六）暂予监外执行的情形消失后，刑期未满的；

（七）保证人丧失保证条件或者因不履行义务被取消保证人资格，不能在规定期限内提出新的保证人的；

（八）违反法律、行政法规和监督管理规定，情节严重的其他情形。

第五百一十七条　人民法院应当在收到社区矫正机构的收监执行建议书后三十日以内作出决定。收监执行决定书一经作出，立即生效。

人民法院应当将收监执行决定书送达社区矫正机构和公安机关，并抄送人民检察院，由公安机关将罪犯交付执行。

第五百一十九条　对被判处管制、宣告缓刑的罪犯，人民法院应当依法确定社区矫正执行地。社区矫正执行地为罪犯的居住地；罪犯在多个地方居住的，可以确定其经常居住地为执行地；罪犯的居住地、经常居住地无法确定或者不适宜执行社区矫正的，应当根据有利于罪犯接受矫正、更好地融入社会的原则，确定执行地。

宣判时，应当告知罪犯自判决、裁定生效之日起十日以内到执行地社区矫正机构报到，以及不按期报到的后果。

人民法院应当自判决、裁定生效之日起五日以内通知执行地社区矫正机构，并在十日以内将判决书、裁定书、执行通知书等法律文书送达执行地社区矫正机构，同时抄送人民检察院和执行地公安机关。人民法院与社区矫正执行地不在同一地方的，由执行地社区矫正机构将法律文书转送所在地的人民检察院和公安机关。

第五百三十四条　对减刑、假释案件，应当按照下列情形分别处理：

（一）对被判处死刑缓期执行的罪犯的减刑，由罪犯服刑地的高级人民法院在收到同级监狱管理机关审核同意的减刑建议书后一个月以内作出裁定；

（二）对被判处无期徒刑的罪犯的减刑、假释，由罪犯服刑地的高级人民法院在收到同级监狱管理机关审核同意的减刑、假释建议书后一个月以内作出裁定，案情复杂或者情况特殊的，可以延长一个月；

（三）对被判处有期徒刑和被减为有期徒刑的罪犯的减刑、假释，由罪犯

服刑地的中级人民法院在收到执行机关提出的减刑、假释建议书后一个月以内作出裁定,案情复杂或者情况特殊的,可以延长一个月;

(四)对被判处管制、拘役的罪犯的减刑,由罪犯服刑地的中级人民法院在收到同级执行机关审核同意的减刑建议书后一个月以内作出裁定。

对社区矫正对象的减刑,由社区矫正执行地的中级以上人民法院在收到社区矫正机构减刑建议书后三十日以内作出裁定。

第五百三十九条　人民法院作出减刑、假释裁定后,应当在七日以内送达提请减刑、假释的执行机关、同级人民检察院以及罪犯本人。人民检察院认为减刑、假释裁定不当,在法定期限内提出书面纠正意见的,人民法院应当在收到意见后另行组成合议庭审理,并在一个月以内作出裁定。

对假释的罪犯,适用本解释第五百一十九条的有关规定,依法实行社区矫正。

第五百四十条　减刑、假释裁定作出前,执行机关书面提请撤回减刑、假释建议的,人民法院可以决定是否准许。

第五百四十二条　罪犯在缓刑、假释考验期限内犯新罪或者被发现在判决宣告前还有其他罪没有判决,应当撤销缓刑、假释的,由审判新罪的人民法院撤销原判决、裁定宣告的缓刑、假释,并书面通知原审人民法院和执行机关。

第五百四十三条　人民法院收到社区矫正机构的撤销缓刑建议书后,经审查,确认罪犯在缓刑考验期限内具有下列情形之一的,应当作出撤销缓刑的裁定:

(一)违反禁止令,情节严重的;

(二)无正当理由不按规定时间报到或者接受社区矫正期间脱离监管,超过一个月的;

(三)因违反监督管理规定受到治安管理处罚,仍不改正的;

(四)受到执行机关二次警告,仍不改正的;

(五)违反法律、行政法规和监督管理规定,情节严重的其他情形。

人民法院收到社区矫正机构的撤销假释建议书后,经审查,确认罪犯在假释考验期限内具有前款第二项、第四项规定情形之一,或者有其他违反监督管理规定的行为,尚未构成新的犯罪的,应当作出撤销假释的裁定。

第五百四十四条　被提请撤销缓刑、假释的罪犯可能逃跑或者可能发生社会危险,社区矫正机构在提出撤销缓刑、假释建议的同时,提请人民法院决定对其予以逮捕的,人民法院应当在四十八小时以内作出是否逮捕的决定。

决定逮捕的,由公安机关执行。逮捕后的羁押期限不得超过三十日。

第五百四十五条 人民法院应当在收到社区矫正机构的撤销缓刑、假释建议书后三十日以内作出裁定。撤销缓刑、假释的裁定一经作出,立即生效。

人民法院应当将撤销缓刑、假释裁定书送达社区矫正机构和公安机关,并抄送人民检察院,由公安机关将罪犯送交执行。执行以前被逮捕的,羁押一日折抵刑期一日。

第五百六十八条 对人民检察院移送的关于未成年被告人性格特点、家庭情况、社会交往、成长经历、犯罪原因、犯罪前后的表现、监护教育等情况的调查报告,以及辩护人提交的反映未成年被告人上述情况的书面材料,法庭应当接受。

必要时,人民法院可以委托社区矫正机构、共青团、社会组织等对未成年被告人的上述情况进行调查,或者自行调查。

第五百八十条 将未成年罪犯送监执行刑罚或者送交社区矫正时,人民法院应当将有关未成年罪犯的调查报告及其在案件审理中的表现材料,连同有关法律文书,一并送达执行机关。

第五百八十一条 犯罪时不满十八周岁,被判处五年有期徒刑以下刑罚以及免予刑事处罚的未成年人的犯罪记录,应当封存。

司法机关或者有关单位向人民法院申请查询封存的犯罪记录的,应当提供查询的理由和依据。对查询申请,人民法院应当及时作出是否同意的决定。

第五百八十四条 对被判处管制、宣告缓刑、裁定假释、决定暂予监外执行的未成年罪犯,人民法院可以协助社区矫正机构制定帮教措施。

第五百八十五条 人民法院可以适时走访被判处管制、宣告缓刑、免予刑事处罚、裁定假释、决定暂予监外执行等的未成年罪犯及其家庭,了解未成年罪犯的管理和教育情况,引导未成年罪犯的家庭承担管教责任,为未成年罪犯改过自新创造良好环境。

第五百八十六条 被判处管制、宣告缓刑、免予刑事处罚、裁定假释、决定暂予监外执行等的未成年罪犯,具备就学、就业条件的,人民法院可以就其安置问题向有关部门提出建议,并附送必要的材料。

最高人民法院关于刑事裁判涉财产部分执行的若干规定(节选)

(2014年10月30日 法释〔2014〕13号)

第八条 人民法院可以向刑罚执行机关、社区矫正机构等有关单位调查被执行人的财产状况,并可以根据不同情形要求有关单位协助采取查封、扣押、冻结、划拨等执行措施。

最高人民法院关于减刑、假释案件审理程序的规定(节选)

(2014年4月23日 法释〔2014〕5号)

第二条 人民法院受理减刑、假释案件,应当审查执行机关移送的下列材料:

(一)减刑或者假释建议书;

(二)终审法院裁判文书、执行通知书、历次减刑裁定书的复印件;

(三)罪犯确有悔改或者立功、重大立功表现的具体事实的书面证明材料;

(四)罪犯评审鉴定表、奖惩审批表等;

(五)其他根据案件审理需要应予移送的材料。

报请假释的,应当附有社区矫正机构或者基层组织关于罪犯假释后对所居住社区影响的调查评估报告。

人民检察院对报请减刑、假释案件提出检察意见的,执行机关应当一并移送受理减刑、假释案件的人民法院。

经审查,材料齐备的,应当立案;材料不齐的,应当通知执行机关在三日内补送,逾期未补送的,不予立案。

第十八条 人民法院作出减刑、假释裁定后,应当在七日内送达报请减刑、假释的执行机关、同级人民检察院以及罪犯本人。作出假释裁定的,还应当送达社区矫正机构或者基层组织。

人民检察院刑事诉讼规则(节选)

(2019年12月30日 高检发释字〔2019〕4号)

第二百七十七条 犯罪嫌疑人认罪认罚,人民检察院拟提出适用缓刑或者判处管制的量刑建议,可以委托犯罪嫌疑人居住地的社区矫正机构进行调查评估,也可以自行调查评估。

第四百八十八条 负责未成年人检察的部门应当依法对看守所、未成年犯管教所监管未成年人的活动实行监督,配合做好对未成年人的教育。发现没有对未成年犯罪嫌疑人、被告人与成年犯罪嫌疑人、被告人分别关押、管理或者违反规定对未成年犯留所执行刑罚的,应当依法提出纠正意见。

负责未成年人检察的部门发现社区矫正机构违反未成年人社区矫正相关规定的,应当依法提出纠正意见。

第十四章 刑罚执行和监管执法监督

第一节 一般规定

第六百二十一条 人民检察院依法对刑事判决、裁定和决定的执行工作以及监狱、看守所等的监管执法活动实行法律监督。

第六百二十二条 人民检察院根据工作需要,可以对监狱、看守所等场所采取巡回检察、派驻检察等方式进行监督。

第六百二十三条 人民检察院对监狱、看守所等场所进行监督,除可以采取本规则第五百五十一条规定的调查核实措施外,还可以采取实地查看禁闭室、会见室、监区、监舍等有关场所,列席监狱、看守所有关会议,与有关监管民警进行谈话,召开座谈会,开展问卷调查等方式。

第六百二十四条 人民检察院对刑罚执行和监管执法活动实行监督,可以根据下列情形分别处理:

(一)发现执法瑕疵、安全隐患,或者违法情节轻微的,口头提出纠正意

见,并记录在案;

(二)发现严重违法,发生重大事故,或者口头提出纠正意见后七日以内未予纠正的,书面提出纠正意见;

(三)发现存在可能导致执法不公问题,或者存在重大监管漏洞、重大安全隐患、重大事故风险等问题的,提出检察建议。

对于在巡回检察中发现的前款规定的问题、线索的整改落实情况,通过巡回检察进行督导。

第二节 交付执行监督

第六百二十五条 人民检察院发现人民法院、公安机关、看守所等机关的交付执行活动具有下列情形之一的,应当依法提出纠正意见:

(一)交付执行的第一审人民法院没有在法定期间内将判决书、裁定书、人民检察院的起诉书副本、自诉状复印件、执行通知书、结案登记表等法律文书送达公安机关、监狱、社区矫正机构等执行机关的;

(二)对被判处死刑缓期二年执行、无期徒刑或者有期徒刑余刑在三个月以上的罪犯,公安机关、看守所自接到人民法院执行通知书等法律文书后三十日以内,没有将成年罪犯送交监狱执行刑罚,或者没有将未成年罪犯送交未成年犯管教所执行刑罚的;

(三)对需要收监执行刑罚而判决、裁定生效前未被羁押的罪犯,第一审人民法院没有及时将罪犯收监送交公安机关,并将判决书、裁定书、执行通知书等法律文书送达公安机关的;

(四)公安机关对需要收监执行刑罚但下落不明的罪犯,在收到人民法院的判决书、裁定书、执行通知书等法律文书后,没有及时抓捕、通缉的;

(五)对被判处管制、宣告缓刑或者人民法院决定暂予监外执行的罪犯,在判决、裁定生效后或者收到人民法院暂予监外执行决定后,未依法交付罪犯居住地社区矫正机构执行,或者对被单处剥夺政治权利的罪犯,在判决、裁定生效后,未依法交付罪犯居住地公安机关执行的,或者人民法院依法交付执行,社区矫正机构或者公安机关应当接收而拒绝接收的;

(六)其他违法情形。

第六百二十八条 人民检察院发现监狱、看守所对服刑期满或者依法应当予以释放的人员没有按期释放,对被裁定假释的罪犯依法应当交付罪犯居住地社区矫正机构实行社区矫正而不交付,对主刑执行完毕仍然需要执行附加剥夺政治权利的罪犯依法应当交付罪犯居住地公安机关执行而不交付,或者对服刑期未满又无合法释放根据的罪犯予以释放等违法行为的,应当依法提出纠正意见。

第三节 减刑、假释、暂予监外执行监督

第六百二十九条 人民检察院发现人民法院、监狱、看守所、公安机关暂予监外执行的活动具有下列情形之一的,应当依法提出纠正意见:

(一)将不符合法定条件的罪犯提请、决定暂予监外执行的;

(二)提请、决定暂予监外执行的程序违反法律规定或者没有完备的合法手续,或者对于需要保外就医的罪犯没有省级人民政府指定医院的诊断证明和开具的证明文件的;

(三)监狱、看守所提出暂予监外执行书面意见,没有同时将书面意见副本抄送人民检察院的;

(四)罪犯被决定或者批准暂予监外执行后,未依法交付罪犯居住地社区矫正机构实行社区矫正的;

(五)对符合暂予监外执行条件的罪犯没有依法提请暂予监外执行的;

(六)人民法院在作出暂予监外执行决定前,没有依法征求人民检察院意见的;

(七)发现罪犯不符合暂予监外执行条件,在暂予监外执行期间严重违反暂予监外执行监督管理规定,或者暂予监外执行的条件消失且刑期未满,应当收监执行而未及时收监执行的;

(八)人民法院决定将暂予监外执行的罪犯收监执行,并将有关法律文书送达公安机关、监狱、看守所后,监狱、看守所未及时收监执行的;

(九)对不符合暂予监外执行条件的罪犯通过贿赂、欺骗等非法手段被暂予监外执行以及在暂予监外执行期间脱逃的罪犯,监狱、看守所未建议人民法院将其监外执行期间、脱逃期间不计入执行刑期或者对罪犯执行刑期计算的建议违法、不当的;

(十)暂予监外执行的罪犯刑期届满,未及时办理释放手续的;

(十一)其他违法情形。

第四节 社区矫正监督

第六百四十二条 人民检察院发现社区矫正决定机关、看守所、监狱、社区矫正机构在交付、接收社区矫正对象活动中违反有关规定的，应当依法提出纠正意见。

第六百四十三条 人民检察院发现社区矫正执法活动具有下列情形之一的，应当依法提出纠正意见：

（一）社区矫正对象报到后，社区矫正机构未履行法定告知义务，致使其未按照有关规定接受监督管理的；

（二）违反法律规定批准社区矫正对象离开所居住的市、县，或者违反人民法院禁止令的内容批准社区矫正对象进入特定区域或者场所的；

（三）没有依法监督管理而导致社区矫正对象脱管的；

（四）社区矫正对象违反监督管理规定或者人民法院的禁止令，未依法予以警告、未提请公安机关给予治安管理处罚的；

（五）对社区矫正对象有殴打、体罚、虐待、侮辱人格、强迫其参加超时间或者超体力社区服务等侵犯其合法权利行为的；

（六）未依法办理解除、终止社区矫正的；

（七）其他违法情形。

第六百四十四条 人民检察院发现对社区矫正对象的刑罚变更执行活动具有下列情形之一的，应当依法提出纠正意见：

（一）社区矫正机构未依法向人民法院、公安机关、监狱管理机关提出撤销缓刑、撤销假释建议或者对暂予监外执行的收监执行建议，或者未依法向人民法院提出减刑建议的；

（二）人民法院、公安机关、监狱管理机关未依法作出裁定、决定，或者未依法送达的；

（三）公安机关未依法将罪犯送交看守所、监狱，或者看守所、监狱未依法收监执行的；

（四）公安机关未依法对在逃的罪犯实施追捕的；

（五）其他违法情形。

人民检察院检察建议工作规定(节选)

(2019年2月26日 高检发释字〔2019〕1号)

第九条 人民检察院在履行对诉讼活动的法律监督职责中发现有关执法、司法机关具有下列情形之一的,可以向有关执法、司法机关提出纠正违法检察建议:

(一)人民法院审判人员在民事、行政审判活动中存在违法行为的;

(二)人民法院在执行生效民事、行政判决、裁定、决定或者调解书、支付令、仲裁裁决书、公证债权文书等法律文书过程中存在违法执行、不执行、怠于执行等行为,或者有其他重大隐患的;

(三)人民检察院办理行政诉讼监督案件或者执行监督案件,发现行政机关有违反法律规定、可能影响人民法院公正审理和执行的行为的;

(四)公安机关、人民法院、监狱、社区矫正机构、强制医疗执行机构等在刑事诉讼活动中或者执行人民法院生效刑事判决、裁定、决定等法律文书过程中存在普遍性、倾向性违法问题,或者有其他重大隐患,需要引起重视予以解决的;

(五)诉讼活动中其他需要以检察建议形式纠正违法的情形。

三、部门规章

三联书店

公安机关办理刑事案件程序规定(节选)

(2020年7月20日　中华人民共和国公安部令第159号)

第三百零二条　对被判处管制、宣告缓刑、假释或者暂予监外执行的罪犯,已被羁押的,由看守所将其交付社区矫正机构执行。

对被判处剥夺政治权利的罪犯,由罪犯居住地的派出所负责执行。

第三百零八条　公安机关决定对罪犯暂予监外执行的,应当将暂予监外执行决定书交被暂予监外执行的罪犯和负责监外执行的社区矫正机构,同时抄送同级人民检察院。

看守所留所执行刑罚罪犯管理办法(节选)

(2013年10月23日 中华人民共和国公安部令第128号)

第二十一条 罪犯需要保外就医的,应当由罪犯或者罪犯家属提出保证人。保证人由看守所审查确定。

第二十二条 保证人应当具备下列条件:

(一)愿意承担保证人义务,具有完全民事行为能力;

(二)人身自由未受到限制,享有政治权利;

(三)有固定的住所和收入,有条件履行保证人义务;

(四)与被保证人共同居住或者居住在同一县级公安机关辖区。

第二十三条 保证人应当签署保外就医保证书。

第三十七条 看守所收到人民法院假释裁定书后,应当办理罪犯出所手续,发给假释证明书,并于三日内将罪犯的有关材料寄送罪犯居住地的县级司法行政机关。

第三十八条 被假释的罪犯被人民法院裁定撤销假释的,看守所应当在收到撤销假释裁定后将罪犯收监。

第三十九条 罪犯在假释期间死亡的,看守所应当将执行机关的书面通知归入罪犯档案,并在登记表中注明。

国家安全机关办理刑事案件程序规定(节选)

(2024年4月26日 中华人民共和国国家安全部令第4号)

第三百二十五条 对于被判处管制、宣告缓刑、假释或者暂予监外执行的罪犯,已被羁押的,由看守所依法及时将其交付社区矫正机构执行。被执行取保候审、监视居住的,由国家安全机关依法按时将其移交社区矫正机构。

第三百三十条 国家安全机关应当自暂予监外执行的决定生效之日起五日内通知执行地社区矫正机构,并在十日内将暂予监外执行决定书送达执行地社区矫正机构,同时抄送同级人民检察院和执行地公安机关。

就业服务与就业管理规定(节选)

(2022年1月7日 中华人民共和国人力资源和社会保障部令第47号)

第六十一条 劳动保障行政部门应当建立健全就业登记制度和失业登记制度,完善就业管理和失业管理。

公共就业服务机构负责就业登记与失业登记工作,建立专门台账,及时、准确地记录劳动者就业与失业变动情况,并做好相应统计工作。

就业登记和失业登记在各省、自治区、直辖市范围内实行统一的就业失业登记证(以下简称登记证),向劳动者免费发放,并注明可享受的相应扶持政策。

就业登记、失业登记的具体程序和登记证的样式,由省级劳动保障行政部门规定。

第六十三条 在法定劳动年龄内,有劳动能力,有就业要求,处于无业状态的城镇常住人员,可以到常住地的公共就业服务机构进行失业登记。

第六十四条 劳动者进行失业登记时,须持本人身份证件;有单位就业经历的,还须持与原单位终止、解除劳动关系或者解聘的证明。

登记失业人员凭登记证享受公共就业服务和就业扶持政策;其中符合条件的,按规定申领失业保险金。

登记失业人员应当定期向公共就业服务机构报告就业失业状况,积极求职,参加公共就业服务机构安排的就业培训。

第六十五条 失业登记的范围包括下列失业人员:

(一)年满16周岁,从各类学校毕业、肄业的;
(二)从企业、机关、事业单位等各类用人单位失业的;
(三)个体工商户业主或私营企业业主停业、破产停止经营的;
(四)承包土地被征用,符合当地规定条件的;
(五)军人退出现役且未纳入国家统一安置的;
(六)刑满释放、假释、监外执行的;
(七)各地确定的其他失业人员。

第六十六条 登记失业人员出现下列情形之一的,由公共就业服务机构注销其失业登记:

(一)被用人单位录用的;

(二)从事个体经营或创办企业,并领取工商营业执照的;

(三)已从事有稳定收入的劳动,并且月收入不低于当地最低工资标准的;

(四)已享受基本养老保险待遇的;

(五)完全丧失劳动能力的;

(六)入学、服兵役、移居境外的;

(七)被判刑收监执行的;

(八)终止就业要求或拒绝接受公共就业服务的;

(九)连续6个月未与公共就业服务机构联系的;

(十)已进行就业登记的其他人员或各地规定的其他情形。

四、部门规范性文件

(一)司 法 部

最高人民法院　最高人民检察院　公安部司法部关于印发《中华人民共和国社区矫正法实施办法》的通知

(2020年6月18日　司发通〔2020〕59号)

各省、自治区、直辖市高级人民法院、人民检察院、公安厅(局)、司法厅(局)，新疆维吾尔自治区高级人民法院生产建设兵团分院、新疆生产建设兵团人民检察院、公安局、司法局、监狱管理局：

为做好《中华人民共和国社区矫正法》的贯彻实施，进一步推进和规范社区矫正工作，最高人民法院、最高人民检察院、公安部、司法部对2012年1月10日印发的《社区矫正实施办法》进行了修订，制定了《中华人民共和国社区矫正法实施办法》。现予以印发，请认真贯彻执行。对执行中遇到的问题，请分别及时报告最高人民法院、最高人民检察院、公安部、司法部。

中华人民共和国社区矫正法实施办法

第一条　为了推进和规范社区矫正工作，根据《中华人民共和国刑法》、《中华人民共和国刑事诉讼法》、《中华人民共和国社区矫正法》等有关法律规定，制定本办法。

第二条　社区矫正工作坚持党的绝对领导，实行党委政府统一领导、司法行政机关组织实施、相关部门密切配合、社会力量广泛参与、检察机关法律监督的领导体制和工作机制。

第三条　地方人民政府根据需要设立社区矫正委员会，负责统筹协调和指导本行政区域内的社区矫正工作。

司法行政机关向社区矫正委员会报告社区矫正工作开展情况，提请社区矫正委员会协调解决社区矫正工作中的问题。

第四条 司法行政机关依法履行以下职责：

（一）主管本行政区域内社区矫正工作；

（二）对本行政区域内设置和撤销社区矫正机构提出意见；

（三）拟定社区矫正工作发展规划和管理制度，监督检查社区矫正法律法规和政策的执行情况；

（四）推动社会力量参与社区矫正工作；

（五）指导支持社区矫正机构提高信息化水平；

（六）对在社区矫正工作中作出突出贡献的组织、个人，按照国家有关规定给予表彰、奖励；

（七）协调推进高素质社区矫正工作队伍建设；

（八）其他依法应当履行的职责。

第五条 人民法院依法履行以下职责：

（一）拟判处管制、宣告缓刑、决定暂予监外执行的，可以委托社区矫正机构或者有关社会组织对被告人或者罪犯的社会危险性和对所居住社区的影响，进行调查评估，提出意见，供决定社区矫正时参考；

（二）对执行机关报请假释的，审查执行机关移送的罪犯假释后对所居住社区影响的调查评估意见；

（三）核实并确定社区矫正执行地；

（四）对被告人或者罪犯依法判处管制、宣告缓刑、裁定假释、决定暂予监外执行；

（五）对社区矫正对象进行教育，及时通知并送达法律文书；

（六）对符合撤销缓刑、撤销假释或者暂予监外执行收监执行条件的社区矫正对象，作出判决、裁定和决定；

（七）对社区矫正机构提请逮捕的，及时作出是否逮捕的决定；

（八）根据社区矫正机构提出的减刑建议作出裁定；

（九）其他依法应当履行的职责。

第六条 人民检察院依法履行以下职责：

（一）对社区矫正决定机关、社区矫正机构或者有关社会组织的调查评估活动实行法律监督；

（二）对社区矫正决定机关判处管制、宣告缓刑、裁定假释、决定或者批准暂予监外执行活动实行法律监督；

（三）对社区矫正法律文书及社区矫正对象交付执行活动实行法律监督；

（四）对监督管理、教育帮扶社区矫正对象的活动实行法律监督；

（五）对变更刑事执行、解除矫正和终止矫正的活动实行法律监督；

（六）受理申诉、控告和举报，维护社区矫正对象的合法权益；

（七）按照刑事诉讼法的规定，在对社区矫正实行法律监督中发现司法工作人员相关职务犯罪，可以立案侦查直接受理的案件；

（八）其他依法应当履行的职责。

第七条 公安机关依法履行以下职责：

（一）对看守所留所服刑罪犯拟暂予监外执行的，可以委托开展调查评估；

（二）对看守所留所服刑罪犯拟暂予监外执行的，核实并确定社区矫正执行地；对符合暂予监外执行条件的，批准暂予监外执行；对符合收监执行条件的，作出收监执行的决定；

（三）对看守所留所服刑罪犯批准暂予监外执行的，进行教育，及时通知并送达法律文书；依法将社区矫正对象交付执行；

（四）对社区矫正对象予以治安管理处罚；到场处置经社区矫正机构制止无效，正在实施违反监督管理规定或者违反人民法院禁止令等违法行为的社区矫正对象；协助社区矫正机构处置突发事件；

（五）协助社区矫正机构查找失去联系的社区矫正对象；执行人民法院作出的逮捕决定；被裁定撤销缓刑、撤销假释和被决定收监执行的社区矫正对象逃跑的，予以追捕；

（六）对裁定撤销缓刑、撤销假释，或者对人民法院、公安机关决定暂予监外执行收监的社区矫正对象，送交看守所或者监狱执行；

（七）执行限制社区矫正对象出境的措施；

（八）其他依法应当履行的职责。

第八条 监狱管理机关以及监狱依法履行以下职责：

（一）对监狱关押罪犯拟提请假释的，应当委托进行调查评估；对监狱关押罪犯拟暂予监外执行的，可以委托进行调查评估；

（二）对监狱关押罪犯拟暂予监外执行的，依法核实并确定社区矫正执行地；对符合暂予监外执行条件的，监狱管理机关作出暂予监外执行决定；

（三）对监狱关押罪犯批准暂予监外执行的，进行教育，及时通知并送达法律文书；依法将社区矫正对象交付执行；

（四）监狱管理机关对暂予监外执行罪犯决定收监执行的，原服刑或者接收其档案的监狱应当立即将罪犯收监执行；

（五）其他依法应当履行的职责。

第九条 社区矫正机构是县级以上地方人民政府根据需要设置的，负责社区矫正工作具体实施的执行机关。社区矫正机构依法履行以下职责：

（一）接受委托进行调查评估，提出评估意见；

（二）接收社区矫正对象，核对法律文书、核实身份、办理接收登记，建立档案；

（三）组织入矫和解矫宣告，办理入矫和解矫手续；

（四）建立矫正小组、组织矫正小组开展工作，制定和落实矫正方案；

（五）对社区矫正对象进行监督管理，实施考核奖惩；审批会客、外出、变更执行地等事项；了解掌握社区矫正对象的活动情况和行为表现；组织查找失去联系的社区矫正对象，查找后依情形作出处理；

（六）提出治安管理处罚建议，提出减刑、撤销缓刑、撤销假释、收监执行等变更刑事执行建议，依法提请逮捕；

（七）对社区矫正对象进行教育帮扶，开展法治道德等教育，协调有关方面开展职业技能培训、就业指导，组织公益活动等事项；

（八）向有关机关通报社区矫正对象情况，送达法律文书；

（九）对社区矫正工作人员开展管理、监督、培训，落实职业保障；

（十）其他依法应当履行的职责。

设置和撤销社区矫正机构，由县级以上地方人民政府司法行政部门提出意见，按照规定的权限和程序审批。社区矫正日常工作由县级社区矫正机构具体承担；未设置县级社区矫正机构的，由上一级社区矫正机构具体承担。省、市两级社区矫正机构主要负责监督指导、跨区域执法的组织协调以及与同级社区矫正决定机关对接的案件办理工作。

第十条 司法所根据社区矫正机构的委托，承担社区矫正相关工作。

第十一条 社区矫正机构依法加强信息化建设，运用现代信息技术开展监督管理和教育帮扶。

社区矫正工作相关部门之间依法进行信息共享，人民法院、人民检察院、公安机关、司法行政机关依法建立完善社区矫正信息交换平台，实现业务协同、互联互通，运用现代信息技术及时准确传输交换有关法律文书，根据需要实时查询社区矫正对象交付接收、监督管理、教育帮扶、脱离监管、被治安管理处罚、被采取强制措施、变更刑事执行、办理再犯罪案件等情况，共享社区矫正工作动态信息，提高社区矫正信息化水平。

第十二条 对拟适用社区矫正的,社区矫正决定机关应当核实社区矫正对象的居住地。社区矫正对象在多个地方居住的,可以确定经常居住地为执行地。没有居住地,居住地、经常居住地无法确定或者不适宜执行社区矫正的,应当根据有利于社区矫正对象接受矫正、更好地融入社会的原则,确定社区矫正执行地。被确定为执行地的社区矫正机构应当及时接收。

社区矫正对象的居住地是指其实际居住的县(市、区)。社区矫正对象的经常居住地是指其经常居住的,有固定住所、固定生活来源的县(市、区)。

社区矫正对象应如实提供其居住、户籍等情况,并提供必要的证明材料。

第十三条 社区矫正决定机关对拟适用社区矫正的被告人、罪犯,需要调查其社会危险性和对所居住社区影响的,可以委托拟确定为执行地的社区矫正机构或者有关社会组织进行调查评估。社区矫正机构或者有关社会组织收到委托文书后应当及时通知执行地县级人民检察院。

第十四条 社区矫正机构、有关社会组织接受委托后,应当对被告人或者罪犯的居所情况、家庭和社会关系、犯罪行为的后果和影响、居住地村(居)民委员会和被害人意见、拟禁止的事项、社会危险性、对所居住社区的影响等情况进行调查了解,形成调查评估意见,与相关材料一起提交委托机关。调查评估时,相关单位、部门、村(居)民委员会等组织、个人应当依法为调查评估提供必要的协助。

社区矫正机构、有关社会组织应当自收到调查评估委托函及所附材料之日起十个工作日内完成调查评估,提交评估意见。对于适用刑事案件速裁程序的,应当在五个工作日内完成调查评估,提交评估意见。评估意见同时抄送执行地县级人民检察院。需要延长调查评估时限的,社区矫正机构、有关社会组织应当与委托机关协商,并在协商确定的期限内完成调查评估。因被告人或者罪犯的姓名、居住地不真实、身份不明等原因,社区矫正机构、有关社会组织无法进行调查评估的,应当及时向委托机关说明情况。社区矫正决定机关对调查评估意见的采信情况,应当在相关法律文书中说明。

对调查评估意见以及调查中涉及的国家秘密、商业秘密、个人隐私等信息,应当保密,不得泄露。

第十五条 社区矫正决定机关应当对社区矫正对象进行教育,书面告知其到执行地县级社区矫正机构报到的时间期限以及逾期报到或者未报到的后果,责令其按时报到。

第十六条 社区矫正决定机关应当自判决、裁定或者决定生效之日起五日内通知执行地县级社区矫正机构,并在十日内将判决书、裁定书、决定书、执行通知书等法律文书送达执行地县级社区矫正机构,同时抄送人民检察院。收到法律文书后,社区矫正机构应当在五日内送达回执。

社区矫正对象前来报到时,执行地县级社区矫正机构未收到法律文书或者法律文书不齐全,应当先记录在案,为其办理登记接收手续,并通知社区矫正决定机关在五日内送达或者补齐法律文书。

第十七条 被判处管制、宣告缓刑、裁定假释的社区矫正对象到执行地县级社区矫正机构报到时,社区矫正机构应当核对法律文书、核实身份,办理登记接收手续。对社区矫正对象存在因行动不便、自行报到确有困难等特殊情况的,社区矫正机构可以派员到其居住地等场所办理登记接收手续。

暂予监外执行的社区矫正对象,由公安机关、监狱或者看守所依法移送至执行地县级社区矫正机构,办理交付接收手续。罪犯原服刑地与居住地不在同一省、自治区、直辖市,需要回居住地暂予监外执行的,原服刑地的省级以上监狱管理机关或者设区的市一级以上公安机关应当书面通知罪犯居住地的监狱管理机关、公安机关,由其指定一所监狱、看守所接收社区矫正对象档案,负责办理其收监、刑满释放等手续。对看守所留所服刑罪犯暂予监外执行,原服刑地与居住地在同一省、自治区、直辖市的,可以不移交档案。

第十八条 执行地县级社区矫正机构接收社区矫正对象后,应当建立社区矫正档案,包括以下内容:

(一)适用社区矫正的法律文书;

(二)接收、监管审批、奖惩、收监执行、解除矫正、终止矫正等有关社区矫正执行活动的法律文书;

(三)进行社区矫正的工作记录;

(四)社区矫正对象接受社区矫正的其他相关材料。

接受委托对社区矫正对象进行日常管理的司法所应当建立工作档案。

第十九条 执行地县级社区矫正机构、受委托的司法所应当为社区矫正对象确定矫正小组,与矫正小组签订矫正责任书,明确矫正小组成员的责任和义务,负责落实矫正方案。

矫正小组主要开展下列工作:

(一)按照矫正方案,开展个案矫正工作;

(二)督促社区矫正对象遵纪守法,遵守社区矫正规定;

(三)参与对社区矫正对象的考核评议和教育活动;

(四)对社区矫正对象走访谈话,了解其思想、工作和生活情况,及时向社区矫正机构或者司法所报告;

（五）协助对社区矫正对象进行监督管理和教育帮扶；
（六）协助社区矫正机构或者司法所开展其他工作。

第二十条 执行地县级社区矫正机构接收社区矫正对象后,应当组织或者委托司法所组织入矫宣告。

入矫宣告包括以下内容：
（一）判决书、裁定书、决定书、执行通知书等有关法律文书的主要内容；
（二）社区矫正期限；
（三）社区矫正对象应当遵守的规定、被剥夺或者限制行使的权利、被禁止的事项以及违反规定的法律后果；
（四）社区矫正对象依法享有的权利；
（五）矫正小组人员组成及职责；
（六）其他有关事项。

宣告由社区矫正机构或者司法所的工作人员主持,矫正小组成员及其他相关人员到场,按照规定程序进行。宣告后,社区矫正对象应当在书面材料上签字,确认已经了解所宣告的内容。

第二十一条 社区矫正机构应当根据社区矫正对象被判处管制、宣告缓刑、假释和暂予监外执行的不同裁判内容和犯罪类型、矫正阶段、再犯罪风险等情况,进行综合评估,划分不同类别,实施分类管理。

社区矫正机构应当把社区矫正对象的考核结果和奖惩情况作为分类管理的依据。

社区矫正机构对不同类别的社区矫正对象,在矫正措施和方法上应当有所区别,有针对性地开展监督管理和教育帮扶工作。

第二十二条 执行地县级社区矫正机构、受委托的司法所要根据社区矫正对象的性别、年龄、心理特点、健康状况、犯罪原因、悔罪表现等具体情况,制定矫正方案,有针对性地消除社区矫正对象可能重新犯罪的因素,帮助其成为守法公民。

矫正方案应当包括社区矫正对象基本情况、对社区矫正对象的综合评估结果、对社区矫正对象的心理状态和其他特殊情况的分析、拟采取的监督管理、教育帮扶措施等内容。

矫正方案应当根据分类管理的要求、实施效果以及社区矫正对象的表现等情况,相应调整。

第二十三条 执行地县级社区矫正机构、受委托的司法所应当根据社区矫正对象的个人生活、工作及所处社区的实际情况,有针对性地采取通信联络、信息化核查、实地查访等措施,了解掌握社区矫正对象的活动情况和行为表现。

  第二十四条 社区矫正对象应当按照有关规定和社区矫正机构的要求,定期报告遵纪守法、接受监督管理、参加教育学习、公益活动和社会活动等情况。发生居所变化、工作变动、家庭重大变故以及接触对其矫正可能产生不利影响人员等情况时,应当及时报告。被宣告禁止令的社区矫正对象应当定期报告遵守禁止令的情况。

  暂予监外执行的社区矫正对象应当每个月报告本人身体情况。保外就医的,应当到省级人民政府指定的医院检查,每三个月向执行地县级社区矫正机构、受委托的司法所提交病情复查情况。执行地县级社区矫正机构根据社区矫正对象的病情及保证人等情况,可以调整报告身体情况和提交复查情况的期限。延长一个月至三个月以下的,报上一级社区矫正机构批准;延长三个月以上的,逐级上报省级社区矫正机构批准。批准延长的,执行地县级社区矫正机构应当及时通报同级人民检察院。

  社区矫正机构根据工作需要,可以协调对暂予监外执行的社区矫正对象进行病情诊断、妊娠检查或者生活不能自理的鉴别。

  第二十五条 未经执行地县级社区矫正机构批准,社区矫正对象不得接触其犯罪案件中的被害人、控告人、举报人,不得接触同案犯等可能诱发其再犯罪的人。

  第二十六条 社区矫正对象未经批准不得离开所居住市、县。确有正当理由需要离开的,应当经执行地县级社区矫正机构或者受委托的司法所批准。

  社区矫正对象外出的正当理由是指就医、就学、参与诉讼、处理家庭或者工作重要事务等。

  前款规定的市是指直辖市的城市市区、设区的市的城市市区和县级市的辖区。在设区的同一市内跨区活动的,不属于离开所居住的市、县。

  第二十七条 社区矫正对象确需离开所居住的市、县的,一般应当提前三日提交书面申请,并如实提供诊断证明、单位证明、入学证明、法律文书等材料。

  申请外出时间在七日内的,经执行地县级社区矫正机构委托,可以由司法所批准,并报执行地县级社区矫正机构备案;超过七日的,由执行地县级社区矫正机构批准。执行地县级社区矫正机构每次批准外出的时间不超过三十日。

因特殊情况确需外出超过三十日的,或者两个月内外出时间累计超过三十日的,应报上一级社区矫正机构审批。上一级社区矫正机构批准社区矫正对象外出的,执行地县级社区矫正机构应当及时通报同级人民检察院。

第二十八条 在社区矫正对象外出期间,执行地县级社区矫正机构、受委托的司法所应当通过电话通讯、实时视频等方式实施监督管理。

执行地县级社区矫正机构根据需要,可以协商外出目的地社区矫正机构协助监督管理,并要求社区矫正对象在到达和离开时向当地社区矫正机构报告,接受监督管理。外出目的地社区矫正机构在社区矫正对象报告后,可以通过电话通讯、实地查访等方式协助监督管理。

社区矫正对象应在外出期限届满前返回居住地,并向执行地县级社区矫正机构或者司法所报告,办理手续。因特殊原因无法按期返回的,应及时向社区矫正机构或者司法所报告情况。发现社区矫正对象违反外出管理规定的,社区矫正机构应当责令其立即返回,并视情节依法予以处理。

第二十九条 社区矫正对象确因正常工作和生活需要经常性跨市、县活动的,应当由本人提出书面申请,写明理由、经常性去往市县名称、时间、频次等,同时提供相应证明,由执行地县级社区矫正机构批准,批准一次的有效期为六个月。在批准的期限内,社区矫正对象到批准市、县活动的,可以通过电话、微信等方式报告活动情况。到期后,社区矫正对象仍需要经常性跨市、县活动的,应当重新提出申请。

第三十条 社区矫正对象因工作、居所变化等原因需要变更执行地的,一般应当提前一个月提出书面申请,并提供相应证明材料,由受委托的司法所签署意见后报执行地县级社区矫正机构审批。

执行地县级社区矫正机构收到申请后,应当在五日内书面征求新执行地县级社区矫正机构的意见。新执行地县级社区矫正机构接到征求意见函后,应当在五日内核实有关情况,作出是否同意接收的意见并书面回复。执行地县级社区矫正机构根据回复意见,作出决定。执行地县级社区矫正机构对新执行地县级社区矫正机构的回复意见有异议的,可以报上一级社区矫正机构协调解决。

经审核,执行地县级社区矫正机构不同意变更执行地的,应在决定作出之日起五日内告知社区矫正对象。同意变更执行地的,应对社区矫正对象进行教育,书面告知其到新执行地县级社区矫正机构报到的时间期限以及逾期报到或者未报到的后果,责令其按时报到。

第三十一条 同意变更执行地的,原执行地县级社区矫正机构应当在作出决定之日起五日内,将有关法律文书和档案材料移交新执行地县级社区矫正机构,并将有关法律文书抄送社区矫正决定机关和原执行地县级人民检察院、公安机关。新执行地县级社区矫正机构收到法律文书和档案材料后,在五日内送达回执,并将有关法律文书抄送所在地县级人民检察院、公安机关。

同意变更执行地的,社区矫正对象应当自收到变更执行地决定之日起七日内,到新执行地县级社区矫正机构报到。新执行地县级社区矫正机构应当核实身份、办理登记接收手续。发现社区矫正对象未按规定时间报到的,新执行地县级社区矫正机构应当立即通知原执行地县级社区矫正机构,由原执行地县级社区矫正机构组织查找。未及时办理交付接收,造成社区矫正对象脱管漏管的,原执行地社区矫正机构会同新执行地社区矫正机构妥善处置。

对公安机关、监狱管理机关批准暂予监外执行的社区矫正对象变更执行地的,公安机关、监狱管理机关在收到社区矫正机构送达的法律文书后,应与新执行地同级公安机关、监狱管理机关办理交接。新执行地的公安机关、监狱管理机关应指定一所看守所、监狱接收社区矫正对象档案,负责办理其收监、刑满释放等手续。看守所、监狱在接收档案之日起五日内,应当将有关情况通报新执行地县级社区矫正机构。对公安机关批准暂予监外执行的社区矫正对象在同一省、自治区、直辖市变更执行地的,可以不移交档案。

第三十二条 社区矫正机构应当根据有关法律法规、部门规章和其他规范性文件,建立内容全面、程序合理、易于操作的社区矫正对象考核奖惩制度。

社区矫正机构、受委托的司法所应当根据社区矫正对象认罪悔罪、遵守有关规定、服从监督管理、接受教育等情况,定期对其考核。对于符合表扬条件、具备训诫、警告情形的社区矫正对象,经执行地县级社区矫正机构决定,可以给予其相应奖励或者处罚,作出书面决定。对于涉嫌违反治安管理行为的社区矫正对象,执行地县级社区矫正机构可以向同级公安机关提出建议。社区矫正机构奖励或者处罚的书面决定应当抄送人民检察院。

社区矫正对象的考核结果与奖惩应当书面通知其本人,定期公示,记入档案,做到准确及时、公开公平。社区矫正对象对考核奖惩提出异议的,执行地县级社区矫正机构应当及时处理,并将处理结果告知社区矫正对象。社区矫正对象对处理结果仍有异议的,可以向人民检察院提出。

第三十三条 社区矫正对象认罪悔罪、遵守法律法规、服从监督管理、接受教育表现突出的,应当给予表扬。

社区矫正对象接受社区矫正六个月以上并且同时符合下列条件的,执行地县级社区矫正机构可以给予表扬：

（一）服从人民法院判决，认罪悔罪；

（二）遵守法律法规；

（三）遵守关于报告、会客、外出、迁居等规定，服从社区矫正机构的管理；

（四）积极参加教育学习等活动，接受教育矫正的。

社区矫正对象接受社区矫正期间，有见义勇为、抢险救灾等突出表现，或者帮助他人、服务社会等突出事迹的，执行地县级社区矫正机构可以给予表扬。对于符合法定减刑条件的，由执行地县级社区矫正机构依照本办法第四十二条的规定，提出减刑建议。

第三十四条　社区矫正对象具有下列情形之一的，执行地县级社区矫正机构应当给予训诫：

（一）不按规定时间报到或者接受社区矫正期间脱离监管，未超过十日的；

（二）违反关于报告、会客、外出、迁居等规定，情节轻微的；

（三）不按规定参加教育学习等活动，经教育仍不改正的；

（四）其他违反监督管理规定，情节轻微的。

第三十五条　社区矫正对象具有下列情形之一的，执行地县级社区矫正机构应当给予警告：

（一）违反人民法院禁止令，情节轻微的；

（二）不按规定时间报到或者接受社区矫正期间脱离监管，超过十日的；

（三）违反关于报告、会客、外出、迁居等规定，情节较重的；

（四）保外就医的社区矫正对象无正当理由不按时提交病情复查情况，经教育仍不改正的；

（五）受到社区矫正机构两次训诫，仍不改正的；

（六）其他违反监督管理规定，情节较重的。

第三十六条　社区矫正对象违反监督管理规定或者人民法院禁止令，依法应予治安管理处罚的，执行地县级社区矫正机构应当及时提请同级公安机关依法给予处罚，并向执行地同级人民检察院抄送治安管理处罚建议书副本，及时通知处理结果。

第三十七条　电子定位装置是指运用卫星等定位技术，能对社区矫正对象进行定位等监管，并具有防拆、防爆、防水等性能的专门的电子设备，如电子定位腕带等，但不包括手机等设备。

对社区矫正对象采取电子定位装置进行监督管理的，应当告知社区矫正对象监管的期限、要求以及违反监管规定的后果。

第三十八条 发现社区矫正对象失去联系的,社区矫正机构应当立即组织查找,可以采取通信联络、信息化核查、实地查访等方式查找,查找时要做好记录,固定证据。查找不到的,社区矫正机构应当及时通知公安机关,公安机关应当协助查找。社区矫正机构应当及时将组织查找的情况通报人民检察院。

查找到社区矫正对象后,社区矫正机构应当根据其脱离监管的情形,给予相应处置。虽能查找到社区矫正对象下落但其拒绝接受监督管理的,社区矫正机构应当视情节依法提请公安机关予以治安管理处罚,或者依法提请撤销缓刑、撤销假释、对暂予监外执行的收监执行。

第三十九条 社区矫正机构根据执行禁止令的需要,可以协调有关的部门、单位、场所、个人协助配合执行禁止令。

对禁止令确定需经批准才能进入的特定区域或者场所,社区矫正对象确需进入的,应当经执行地县级社区矫正机构批准,并通知原审人民法院和执行地县级人民检察院。

第四十条 发现社区矫正对象有违反监督管理规定或者人民法院禁止令等违法情形的,执行地县级社区矫正机构应当调查核实情况,收集有关证据材料,提出处理意见。

社区矫正机构发现社区矫正对象有撤销缓刑、撤销假释或者暂予监外执行收监执行的法定情形的,应当组织开展调查取证工作,依法向社区矫正决定机关提出撤销缓刑、撤销假释或者暂予监外执行收监执行建议,并将建议书抄送同级人民检察院。

第四十一条 社区矫正对象被依法决定行政拘留、司法拘留、强制隔离戒毒等或者因涉嫌犯新罪、发现判决宣告前还有其他罪没有判决被采取强制措施的,决定机关应当自作出决定之日起三日内将有关情况通知执行地县级社区矫正机构和执行地县级人民检察院。

第四十二条 社区矫正对象符合法定减刑条件的,由执行地县级社区矫正机构提出减刑建议书并附相关证据材料,报经地(市)社区矫正机构审核同意后,由地(市)社区矫正机构提请执行地的中级人民法院裁定。

依法应由高级人民法院裁定的减刑案件,由执行地县级社区矫正机构提出减刑建议书并附相关证据材料,逐级上报省级社区矫正机构审核同意后,由省级社区矫正机构提请执行地的高级人民法院裁定。

人民法院应当自收到减刑建议书和相关证据材料之日起三十日内依法

裁定。

社区矫正机构减刑建议书和人民法院减刑裁定书副本,应当同时抄送社区矫正执行地同级人民检察院、公安机关及罪犯原服刑或者接收其档案的监狱。

第四十三条 社区矫正机构、受委托的司法所应当充分利用地方人民政府及其有关部门提供的教育帮扶场所和有关条件,按照因人施教的原则,有针对性地对社区矫正对象开展教育矫正活动。

社区矫正机构、司法所应当根据社区矫正对象的矫正阶段、犯罪类型、现实表现等实际情况,对其实施分类教育;应当结合社区矫正对象的个体特征、日常表现等具体情况,进行个别教育。

社区矫正机构、司法所根据需要可以采用集中教育、网上培训、实地参观等多种形式开展集体教育;组织社区矫正对象参加法治、道德等方面的教育活动;根据社区矫正对象的心理健康状况,对其开展心理健康教育、实施心理辅导。

社区矫正机构、司法所可以通过公开择优购买服务或者委托社会组织执行项目等方式,对社区矫正对象开展教育活动。

第四十四条 执行地县级社区矫正机构、受委托的司法所按照符合社会公共利益的原则,可以根据社区矫正对象的劳动能力、健康状况等情况,组织社区矫正对象参加公益活动。

第四十五条 执行地县级社区矫正机构、受委托的司法所依法协调有关部门和单位,根据职责分工,对遇到暂时生活困难的社区矫正对象提供临时救助;对就业困难的社区矫正对象提供职业技能培训和就业指导;帮助符合条件的社区矫正对象落实社会保障措施;协助在就学、法律援助等方面遇到困难的社区矫正对象解决问题。

第四十六条 社区矫正对象在缓刑考验期内,有下列情形之一的,由执行地同级社区矫正机构提出撤销缓刑建议:

(一)违反禁止令,情节严重的;

(二)无正当理由不按规定时间报到或者接受社区矫正期间脱离监管,超过一个月的;

(三)因违反监督管理规定受到治安管理处罚,仍不改正的;

(四)受到社区矫正机构两次警告,仍不改正的;

(五)其他违反有关法律、行政法规和监督管理规定,情节严重的情形。

社区矫正机构一般向原审人民法院提出撤销缓刑建议。如果原审人民法院与执行地同级社区矫正机构不在同一省、自治区、直辖市的,可以向执行地人民法院提出建议,执行地人民法院作出裁定的,裁定书同时抄送原审人民法院。

社区矫正机构撤销缓刑建议书和人民法院的裁定书副本同时抄送社区矫正执行地同级人民检察院。

第四十七条　社区矫正对象在假释考验期内,有下列情形之一的,由执行地同级社区矫正机构提出撤销假释建议:

(一)无正当理由不按规定时间报到或者接受社区矫正期间脱离监管,超过一个月的;

(二)受到社区矫正机构两次警告,仍不改正的;

(三)其他违反有关法律、行政法规和监督管理规定,尚未构成新的犯罪的。

社区矫正机构一般向原审人民法院提出撤销假释建议。如果原审人民法院与执行地同级社区矫正机构不在同一省、自治区、直辖市的,可以向执行地人民法院提出建议,执行地人民法院作出裁定的,裁定书同时抄送原审人民法院。

社区矫正机构撤销假释的建议书和人民法院的裁定书副本同时抄送社区矫正执行地同级人民检察院、公安机关、罪犯原服刑或者接收其档案的监狱。

第四十八条　被提请撤销缓刑、撤销假释的社区矫正对象具备下列情形之一的,社区矫正机构在提出撤销缓刑、撤销假释建议书的同时,提请人民法院决定对其予以逮捕:

(一)可能逃跑的;

(二)具有危害国家安全、公共安全、社会秩序或者他人人身安全现实危险的;

(三)可能对被害人、举报人、控告人或者社区矫正机构工作人员等实施报复行为的;

(四)可能实施新的犯罪的。

社区矫正机构提请人民法院决定逮捕社区矫正对象时,应当提供相应证据,移送人民法院审查决定。

社区矫正机构提请逮捕、人民法院作出是否逮捕决定的法律文书,应当同时抄送执行地县级人民检察院。

第四十九条　暂予监外执行的社区矫正对象有下列情形之一的,由执行地县级社区矫正机构提出收监执行建议：

（一）不符合暂予监外执行条件的；

（二）未经社区矫正机构批准擅自离开居住的市、县，经警告拒不改正，或者拒不报告行踪，脱离监管的；

（三）因违反监督管理规定受到治安管理处罚，仍不改正的；

（四）受到社区矫正机构两次警告的；

（五）保外就医期间不按规定提交病情复查情况，经警告拒不改正的；

（六）暂予监外执行的情形消失后，刑期未满的；

（七）保证人丧失保证条件或者因不履行义务被取消保证人资格，不能在规定期限内提出新的保证人的；

（八）其他违反有关法律、行政法规和监督管理规定，情节严重的情形。

社区矫正机构一般向执行地社区矫正决定机关提出收监执行建议。如果原社区矫正决定机关与执行地县级社区矫正机构在同一省、自治区、直辖市的，可以向原社区矫正决定机关提出建议。

社区矫正机构的收监执行建议书和决定机关的决定书，应当同时抄送执行地县级人民检察院。

第五十条 人民法院裁定撤销缓刑、撤销假释或者决定暂予监外执行收监执行的，由执行地县级公安机关本着就近、便利、安全的原则，送交社区矫正对象执行地所属的省、自治区、直辖市管辖范围内的看守所或者监狱执行刑罚。

公安机关决定暂予监外执行收监执行的，由执行地县级公安机关送交存放或者接收罪犯档案的看守所收监执行。

监狱管理机关决定暂予监外执行收监执行的，由存放或者接收罪犯档案的监狱收监执行。

第五十一条 撤销缓刑、撤销假释的裁定和收监执行的决定生效后，社区矫正对象下落不明的，应当认定为在逃。

被裁定撤销缓刑、撤销假释和被决定收监执行的社区矫正对象在逃的，由执行地县级公安机关负责追捕。撤销缓刑、撤销假释裁定书和对暂予监外执行罪犯收监执行决定书，可以作为公安机关追逃依据。

第五十二条 社区矫正机构应当建立突发事件处置机制，发现社区矫正对象非正常死亡、涉嫌实施犯罪、参与群体性事件的，应当立即与公安机关等有关部门协调联动、妥善处置，并将有关情况及时报告上一级社区矫正机构，同时通报执行地人民检察院。

第五十三条 社区矫正对象矫正期限届满,且在社区矫正期间没有应当撤销缓刑、撤销假释或者暂予监外执行收监执行情形的,社区矫正机构依法办理解除矫正手续。

社区矫正对象一般应当在社区矫正期满三十日前,作出个人总结,执行地县级社区矫正机构应当根据其在接受社区矫正期间的表现等情况作出书面鉴定,与安置帮教工作部门做好衔接工作。

执行地县级社区矫正机构应当向社区矫正对象发放解除社区矫正证明书,并书面通知社区矫正决定机关,同时抄送执行地县级人民检察院和公安机关。

公安机关、监狱管理机关决定暂予监外执行的社区矫正对象刑期届满的,由看守所、监狱依法为其办理刑满释放手续。

社区矫正对象被赦免的,社区矫正机构应当向社区矫正对象发放解除社区矫正证明书,依法办理解除矫正手续。

第五十四条 社区矫正对象矫正期满,执行地县级社区矫正机构或者受委托的司法所可以组织解除矫正宣告。

解矫宣告包括以下内容:

(一)宣读对社区矫正对象的鉴定意见;

(二)宣布社区矫正期限届满,依法解除社区矫正;

(三)对判处管制的,宣布执行期满,解除管制;对宣告缓刑的,宣布缓刑考验期满,原判刑罚不再执行;对裁定假释的,宣布考验期满,原判刑罚执行完毕。

宣告由社区矫正机构或者司法所工作人员主持,矫正小组成员及其他相关人员到场,按照规定程序进行。

第五十五条 社区矫正机构、受委托的司法所应当根据未成年社区矫正对象的年龄、心理特点、发育需要、成长经历、犯罪原因、家庭监护教育条件等情况,制定适应未成年人特点的矫正方案,采取有益于其身心健康发展、融入正常社会生活的矫正措施。

社区矫正机构、司法所对未成年社区矫正对象的相关信息应当保密。对未成年社区矫正对象的考核奖惩和宣告不公开进行。对未成年社区矫正对象进行宣告或者处罚时,应通知其监护人到场。

社区矫正机构、司法所应当选任熟悉未成年人身心特点,具有法律、教育、心理等专业知识的人员负责未成年人社区矫正工作,并通过加强培训、管理,提高专业化水平。

第五十六条　社区矫正工作人员的人身安全和职业尊严受法律保护。

对任何干涉社区矫正工作人员执法的行为,社区矫正工作人员有权拒绝,并按照规定如实记录和报告。对于侵犯社区矫正工作人员权利的行为,社区矫正工作人员有权提出控告。

社区矫正工作人员因依法履行职责遭受不实举报、诬告陷害、侮辱诽谤,致使名誉受到损害的,有关部门或者个人应当及时澄清事实,消除不良影响,并依法追究相关单位或者个人的责任。

对社区矫正工作人员追究法律责任,应当根据其行为的危害程度、造成的后果、以及责任大小予以确定,实事求是,过罚相当。社区矫正工作人员依法履职的,不能仅因社区矫正对象再犯罪而追究其法律责任。

第五十七条　有关单位对人民检察院的书面纠正意见在规定的期限内没有回复纠正情况的,人民检察院应当督促回复。经督促被监督单位仍不回复或者没有正当理由不纠正的,人民检察院应当向上一级人民检察院报告。

有关单位对人民检察院的检察建议在规定的期限内经督促无正当理由不予整改或者整改不到位的,检察机关可以将相关情况报告上级人民检察院,通报被建议单位的上级机关、行政主管部门或者行业自律组织等,必要时可以报告同级党委、人大,通报同级政府、纪检监察机关。

第五十八条　本办法所称"以上"、"内",包括本数;"以下"、"超过"不包括本数。

第五十九条　本办法自2020年7月1日起施行。最高人民法院、最高人民检察院、公安部、司法部2012年1月10日印发的《社区矫正实施办法》(司发通〔2012〕12号)同时废止。

最高人民法院　最高人民检察院　公安部　国家安全部　司法部　国家卫生健康委关于印发《关于进一步规范暂予监外执行工作的意见》的通知

(2023年5月28日　司发通〔2023〕24号)

各省、自治区、直辖市高级人民法院、人民检察院、公安厅(局)、国家安全厅(局)、司法厅(局)、卫生健康委,新疆维吾尔自治区高级人民法院生产建设兵团分院、新疆生产建设兵团人民检察院、公安局、国家安全局、司法局、监狱管理局、卫生健康委:

为认真贯彻党中央关于完善刑罚执行制度的部署要求,确保依法准确适用暂予监外执行,最高人民法院、最高人民检察院、公安部、国家安全部、司法部、国家卫生健康委共同制定了《关于进一步规范暂予监外执行工作的意见》。现印发给你们,请认真贯彻执行。

关于进一步规范暂予监外执行工作的意见

为进一步依法准确适用暂予监外执行,确保严格规范公正文明执法,根据《中华人民共和国刑事诉讼法》《中华人民共和国监狱法》《中华人民共和国社区矫正法》等有关法律和《暂予监外执行规定》,结合工作实际,提出如下意见:

一、进一步准确把握相关诊断检查鉴别标准

1.《暂予监外执行规定》中的"短期内有生命危险",是指罪犯所患疾病病情危重,有临床生命体征改变,并经临床诊断和评估后确有短期内发生死亡可能的情形。诊断医院在《罪犯病情诊断书》注明"短期内有死亡风险"或者明确出具病危通知书,视为"短期内有生命危险"。临床上把某种疾病评估为"具有发生猝死的可能"一般不作为"短期内有生命危险"的情形加以使用。

罪犯就诊的医疗机构七日内出具的病危通知书可以作为诊断医院出具《罪犯病情诊断书》的依据。

2.《保外就医严重疾病范围》中的"久治不愈"是指所有范围内疾病均应有规范治疗过程,仍然不能治愈或好转者,才符合《保外就医严重疾病范围》医学条件。除《保外就医严重疾病范围》明确规定需经规范治疗的情形外,"久治不愈"是指经门诊治疗和/或住院治疗并经临床评估后仍病情恶化或未见好转的情形。在诊断过程中,经评估确认短期内有生命危险,即符合保外就医医学条件。

3.《保外就医严重疾病范围》关于"严重功能障碍"中的"严重",一般对应临床上实质脏器(心、肺、肝、肾、脑、胰腺等)功能障碍"中度及以上"的分级标准。

4.《保外就医严重疾病范围》关于患精神疾病罪犯"无服刑能力"的评估,应当以法医精神病司法鉴定意见为依据。精神疾病的发作和控制、是否为反复发作,应当以省级人民政府指定医院的诊断结果为依据。

5.《暂予监外执行规定》中"生活不能自理"的鉴别参照《劳动能力鉴定 职工工伤与职业病致残等级(GB/T 16180-2014)》执行。进食、翻身、大小便、穿衣洗漱、自主行动等五项日常生活行为中有三项需要他人协助才能完成,且经过六个月以上治疗、护理和观察,自理能力不能恢复的,可以认定为生活不能自理。六十五周岁以上的罪犯,上述五项日常生活行为有一项需要他人协助才能完成即可视为生活不能自理。

二、进一步规范病情诊断和妊娠检查

6.暂予监外执行病情诊断和妊娠检查应当在省级人民政府指定的医院进行,病情诊断由两名具有副高以上专业技术职称的医师负责,妊娠检查由两名具有中级以上专业技术职称的医师负责。

罪犯被送交监狱执行刑罚前,人民法院决定暂予监外执行的,组织诊断工作由人民法院负责。

7.医院应当在收到人民法院、公安机关、监狱管理机关、监狱委托书后五个工作日内组织医师进行诊断检查,并在二十个工作日内完成并出具《罪犯病情诊断书》。对于罪犯病情严重必须立即保外就医的,受委托医院应当在三日内完成诊断并出具《罪犯病情诊断书》。

8.医师应当认真查看医疗文件,亲自诊查病人,进行合议并出具意见,填写《罪犯病情诊断书》或《罪犯妊娠检查书》,并附三个月内的客观诊断依据。《罪犯病情诊断书》《罪犯妊娠检查书》由两名负责诊断检查的医师签名,并经主管业务院长审核签名后,加盖诊断医院公章。

《罪犯病情诊断书》或《罪犯妊娠检查书》应当包括罪犯基本情况、医学检查情况、诊断检查意见等内容,诊断依据应当包括疾病诊断结果、疾病严重程度评估等。罪犯病情诊断意见关于病情的表述应当符合《保外就医严重疾病范围》相应条款。

《罪犯病情诊断书》自出具之日起三个月内可以作为人民法院、公安机关、监狱管理机关决定或批准暂予监外执行的依据。超过三个月的,人民法院、公安机关、监狱应当委托医院重新进行病情诊断,并出具《罪犯病情诊断书》。

9.医师对诊断检查意见有分歧的,应当在《罪犯病情诊断书》或《罪犯妊娠检查书》中写明分歧内容和理由,分别签名或者盖章。因意见分歧无法作出一致结论的,人民法院、公安机关、监狱应当委托其他同等级或者以上等级的省级人民政府指定的医院重新组织诊断检查。

10.在暂予监外执行工作中,司法工作人员或者参与诊断检查的医师与罪犯有近亲属关系或者其他利害关系的应当回避。

三、进一步严格决定批准审查和收监执行审查

11.人民法院、公安机关、监狱管理机关决定或批准暂予监外执行时,采取书面审查方式进行。审查过程中,遇到涉及病情诊断、妊娠检查或生活不能自理鉴别意见专业疑难问题时,可以委托法医技术人员或省级人民政府指定医院具有副高以上职称的医师审核并出具意见,审核意见作为是否暂予监外执行的参考。

12.对于病情严重适用立即保外就医程序的,公安机关、监狱管理机关应当在罪犯保外就医后三个工作日内召开暂予监外执行评审委员会予以确认。

13.对在公示期间收到不同意见,或者在社会上有重大影响、社会关注度高的罪犯,或者其他有听证审查必要的,监狱、看守所提请暂予监外执行,人民法院、公安机关、监狱管理机关决定或批准暂予监外执行,可以组织听证。听证意见作为是否提请或批准、决定暂予监外执行的参考。

听证时,应当通知罪犯、其他申请人、公示期间提出不同意见的人等有关人员参加。人民法院、公安机关、监狱管理机关、监狱或者看守所组织听证,还应当通知同级人民检察院派员参加。

人民检察院经审查认为需要以听证方式办理暂予监外执行案件和收监执行监督案件的,人民法院、公安机关、监狱管理机关、监狱或者看守所应当予以协同配合提供支持。

14.人民法院、人民检察院、公安机关、监狱管理机关审查社区矫正机构收监执行的建议,一般采取书面审查方式,根据工作需要也可以组织核查。社区矫正机构应当同时提交罪犯符合收监情形、有不计入执行刑期情形等相关证明材料,在《收监执行建议书》中注明并提出明确意见。人民法院、公安机关、监狱管理机关经审查认为符合收监情形的,应当出具收监执行决定书,送社区矫正机构并抄送同级人民检察院;不符合收监情形的,应当作出不予收监执行决定书并抄送同级人民检察院。公安机关、监狱应当在收到收监执行决定书之日起三日内将罪犯收监执行。

对于人民法院、公安机关、监狱管理机关经审查认为需要补充材料并向社区矫正机构提出的,社区矫正机构应当在十五个工作日内补充完成。

15.对暂予监外执行期间因犯新罪或者发现判决宣告以前还有其他罪没有判决,被侦查机关采取强制措施的罪犯,社区矫正机构接到侦查机关通知后,应当通知罪犯原服刑或接收其档案的监狱、看守所。对被判处监禁刑罚的,应当由原服刑的监狱、看守所收监执行;原服刑的监狱、看守所与接收其档案的监狱、看守所不一致的,应当由接收其档案的监狱、看守所收监执行。对没有被判处监禁刑罚,社区矫正机构认为符合收监情形的,应当提出收监执行建议,并抄送执行地县级人民检察院。

16.对不符合暂予监外执行条件的罪犯通过贿赂等非法手段被暂予监外执行的,应当由原暂予监外执行决定或批准机关作出收监执行的决定并抄送同级人民检察院,将罪犯收监执行。罪犯收监执行后,监狱或者看守所应当向所在地中级人民法院提出不计入执行刑期的建议书。人民法院应当自收到建议书之日起一个月内依法对罪犯的刑期重新计算作出裁定。

人民检察院发现不符合暂予监外执行条件的罪犯通过贿赂等非法手段被暂予监外执行的,应当向原暂予监外执行决定或批准机关提出纠正意见并附相关材料。原暂予监外执行决定或批准机关应当重新进行核查,并将相关情况反馈人民检察院。

原暂予监外执行决定或批准机关作出收监执行的决定后,对刑期已经届满的,罪犯原服刑或接收其档案的监狱或者看守所应当向所在地中级人民法院提出不计入执行刑期的建议书,人民法院审核裁定后,应当将罪犯收监执行。人民法院决定收监执行的,应当一并作出重新计算刑期的裁定,通知执行地公安机关将罪犯送交原服刑或接收其档案的监狱或者看守所收监执行。罪犯收监执行后应当继续执行的刑期自收监之日起计算。

被决定收监执行的罪犯在逃的,由罪犯社区矫正执行地县级公安机关负责追捕。原暂予监外执行决定或批准机关作出的收监执行决定可以作为公安机关追逃依据。

四、进一步强化全过程监督制约

17. 人民检察院应当对暂予监外执行进行全程法律监督。罪犯病情诊断、妊娠检查前,人民法院、监狱、看守所应当将罪犯信息、时间和地点至少提前一个工作日向人民检察院通报。对具有"短期内有生命危险"情形的应当立即通报。人民检察院可以派员现场监督诊断检查活动。

人民法院、公安机关、监狱应当在收到病情诊断意见、妊娠检查结果后三个工作日内将《罪犯病情诊断书》或者《罪犯妊娠检查书》及诊断检查依据抄送人民检察院。

人民检察院可以依法向有关单位和人员调查核实情况,调阅复制案卷材料,并可以参照本意见第6至11条重新组织对被告人、罪犯进行诊断、检查或者鉴别等。

18. 人民法院、公安机关、监狱管理机关、监狱、看守所、社区矫正机构要依法接受检察机关的法律监督,认真听取检察机关的意见、建议。

19. 人民法院、人民检察院、公安机关、监狱管理机关、监狱、看守所应当邀请人大代表、政协委员或者有关方面代表作为监督员对暂予监外执行工作进行监督。

20. 人民法院、公安机关、监狱管理机关办理暂予监外执行案件,除病情严重必须立即保外就医的,应当在立案或收到监狱、看守所提请暂予监外执行建议后五个工作日内将罪犯基本情况、原判认定的罪名和刑期、申请或者启动暂予监外执行的事由,以及病情诊断、妊娠检查、生活不能自理鉴别的结果向社会公示。依法不予公开的案件除外。

公示应当载明提出意见的方式,期限为三日。对提出异议的,人民法院、公安机关、监狱管理机关应当在调查核实后五个工作日内予以回复。

21. 人民法院、公安机关、监狱管理机关应当在决定或批准之日起十个工作日内,将暂予监外执行决定书在互联网公开。对在看守所、监狱羁押或服刑的罪犯,因病情严重适用立即保外就医程序的,应当在批准之日起三个工作日内在看守所、监狱进行为期五日的公告。

22. 各省、自治区、直辖市高级人民法院、人民检察院、公安厅（局）、司法厅（局）、卫生健康委应当共同建立暂予监外执行诊断检查医院名录，并在省级人民政府指定的医院相关文件中及时向社会公布并定期更新。

23. 罪犯暂予监外执行决定书有下列情形之一的，不予公开：

（一）涉及国家秘密的；

（二）未成年人犯罪的；

（三）人民法院、公安机关、监狱管理机关认为不宜公开的其他情形。

人民法院、公安机关、监狱管理机关、监狱应当对拟公开的暂予监外执行决定书中涉及罪犯家庭住址、身份证号码等个人隐私的信息作技术处理，但应当载明暂予监外执行的情形。

五、进一步加强社区矫正衔接配合和监督管理

24. 社区矫正机构应当加强与人民法院、人民检察院、公安机关、监狱管理机关以及存放或者接收罪犯档案的监狱、看守所的衔接配合，建立完善常态化联系机制。需要对社区矫正对象采取限制出境措施的，应当按有关规定办理。

25. 社区矫正机构应当加强暂予监外执行罪犯定期身体情况报告监督和记录，对保外就医的，每三个月审查病情复查情况，并根据需要向人民法院、人民检察院、公安机关、监狱管理机关，存放或者接收罪犯档案的监狱、看守所反馈。对属于患严重疾病、久治不愈的，社区矫正机构可以结合具保情况、家庭状况、经济条件等，延长罪犯复查期限，并通报执行地县级人民检察院。

26. 社区矫正机构根据工作需要，组织病情诊断、妊娠检查或者生活不能自理的鉴别，应当通报执行地县级人民检察院，并可以邀请人民法院、人民检察院、公安机关、监狱管理机关、监狱、看守所参加。人民法院、人民检察院、公安机关、监狱管理机关、监狱、看守所依法配合社区矫正工作。

27. 社区矫正工作中，对暂予监外执行罪犯组织病情诊断、妊娠检查或者生活不能自理的鉴别应当参照本意见第6至11条执行。

六、进一步严格工作责任

28. 暂予监外执行组织诊断检查、决定批准和执行工作，实行"谁承办谁负责、谁主管谁负责、谁签字谁负责"的办案责任制。

29. 在暂予监外执行工作中，司法工作人员或者从事病情诊断检查等工作的相关人员有玩忽职守、徇私舞弊等行为的，一律依法依纪追究责任；构成犯罪的，依法追究刑事责任。在案件办理中，发现司法工作人员相关职务犯罪线索的，及时移送检察机关。

30. 在暂予监外执行工作中,司法工作人员或者从事病情诊断检查等工作的相关人员依法履行职责,没有故意或重大过失,不能仅以罪犯死亡、丧失暂予监外执行条件、违反监督管理规定或者重新犯罪而被追究责任。

31. 国家安全机关办理危害国家安全的刑事案件,涉及暂予监外执行工作的,适用本意见。

32. 本意见自 2023 年 7 月 1 日起施行。此前有关规定与本意见不一致的,以本意见为准。

司法部办公厅关于规范社区矫正对象在被采取刑事强制措施或者被提请撤销缓刑、撤销假释、收监执行期间矫正期满社区矫正执法适用的通知

（2021年11月22日 司办通〔2021〕94号）

各省、自治区、直辖市司法厅（局）、新疆生产建设兵团司法局：

《中华人民共和国社区矫正法》2020年7月1日正式施行以来，司法部陆续收到多地关于社区矫正对象在被采取刑事强制措施或者被提请撤销缓刑、撤销假释、收监执行期间矫正期满能否解除矫正问题的请示。为规范此类问题的执法适用，经认真研究并征求有关部门意见，现通知如下：

对于社区矫正对象在被采取刑事强制措施或者被提请撤销缓刑、撤销假释、收监执行期间矫正期满的，如果相关部门已经作出撤销缓刑、撤销假释裁定或者收监执行决定的，应当按照《中华人民共和国社区矫正法》第四十五条的规定，终止社区矫正；如果相关部门尚未作出裁定或决定，则应当根据《中华人民共和国社区矫正法》第四十四条的规定，由社区矫正机构及时办理解除矫正手续，但是对于社区矫正对象被羁押等原因无法发放解除社区矫正证明书的，可以暂缓发放。对于提请撤销缓刑、撤销假释且尚未羁押的社区矫正对象，考虑其可能逃跑或者可能发生社会危险，应当根据《中华人民共和国社区矫正法》及"两高两部"《中华人民共和国社区矫正法实施办法》相关规定，依法提请逮捕。

请指导各地按此通知办理相关执法事宜并做好协调工作，执行中如遇到问题请及时反馈司法部社区矫正管理局。

特此通知。

司法部关于推进刑罚执行一体化建设工作的意见

(2018年12月26日 司发〔2018〕11号)

各省、自治区、直辖市司法厅(局),新疆生产建设兵团司法局、监狱局:

为深入贯彻落实党的十九大和十九届二中、三中全会精神,按照党中央关于完善刑罚执行制度,统一刑罚执行体制决策部署要求,统筹推进司法行政改革,深化依法治国实践,根据《中华人民共和国刑法》《中华人民共和国刑事诉讼法》《中华人民共和国监狱法》、"两院两部"《社区矫正实施办法》及中央有关文件规定,结合工作实际,现就推进刑罚执行一体化建设工作提出如下意见。

一、充分认识推进刑罚执行一体化建设工作的重要意义

(一)深刻认识推进刑罚执行一体化的重要性。监狱改造和社区矫正是刑罚执行的重要组成部分,具有很强的政治性、政策性和法律性,在全面依法治国中担负着重要作用。加强刑罚执行一体化工作是贯彻落实中央决策部署、全面深化司法体制改革的一项重要内容,是贯彻落实习近平总书记全面依法治国新理念新思想新战略、推进国家治理体系和治理能力现代化、落实总体国家安全观的一项重要举措,对于创新社会治理、维护社会稳定、推动司法行政事业发展具有十分重要的意义。各地各级司法行政机关要深入学习贯彻习近平总书记全面依法治国新理念新思想新战略,切实提高政治站位,坚持政治引领、党建先行,始终坚持党对刑罚执行工作的绝对领导,切实增强责任感和使命感,深化对推进刑罚执行一体化建设工作重大意义的认识。

(二)充分认识推进刑罚执行一体化的必要性。监狱和社区矫正机构作为司法行政机关的重要组成部分,都具有鲜明的政治特征,是党和人民的"刀把子",是维护国家安全和社会稳定的重要环节,承担着维护国家安全,确保社会大局稳定,促进社会公平正义,保障人民安居乐业的重要使命。社区矫正和监狱改造共同构成了非监禁刑和监禁刑分层次、相衔接的刑罚执行体系,推进刑罚执行一体化,有利于加强党对刑罚执行的集中统一领导,确保罪犯监管改造始终沿着正确的方向前行;有利于刑罚执行规范化、法治化和专门化,保障刑罚执行作用和功能更好地发挥;有利于国家刑事司法活动的统一性、严肃性和权威性,保证刑罚目的更好地得以实现;有利于推动刑罚执行职能体系优化协同高效运转,提升刑罚执行社会化水平,有效节约刑罚执行成本。刑罚执行一体化是完善发展刑罚执行制度的必然要求。

(三)切实认清推进刑罚执行一体化的紧迫性。我国目前正处于全面建设小康社会的重要战略机遇期,同时又是社会矛盾凸显、刑事犯罪高发、对敌斗争复杂的时期,必须运用好宽严相济的刑事政策,最大限度地增加和谐因素、减少不和谐因素,维护社会大局稳定。监狱依法执行死缓、无期徒刑、有期徒刑,突出刑罚执行"严"的一面;社区矫正机构依法执行管制、缓刑、假释、暂予监外执行,作为刑罚执行"宽"的一面,共同体现宽严相济的刑事政策。加强刑罚执行一体化建设,事关推动监禁刑和非监禁刑优势互补,事关统筹惩罚和教育改造两种手段,事关整合司法行政系统刑罚执行资源,充分发挥刑罚功能,做到既有力打击和震慑犯罪,又尽可能减少社会对抗,不仅具有重要性,而且极具紧迫性。各地要高度重视,加快刑罚执行一体化建设,推动惩罚与教育、管理与矫正、回归与帮扶等环节相互贯通、相互衔接、相互促进,不断提高教育改造质量,降低再犯罪风险,实现政治效果、法律效果、社会效果的有机统一。

二、推进刑罚执行一体化建设的主要任务和措施

(一)政治引领,党建先行。强化政治引领,提高政治站位,旗帜鲜明讲政治,始终坚持把学习贯彻习近平新时代中国特色社会主义思想作为首要政治任务,不断增强政治敏锐性和政治鉴别力。发挥党建引领作用,建立健全与刑罚执行一体化建设工作相适应的党建工作制度,加强基层党组织建设,充分发挥基层党组织领导核心、战斗堡垒作用和党员先锋模范作用,打造一支政治过硬、业务过硬、素质过硬、纪律过硬、作风过硬的执法队伍。

(二)完善机制,明确责任。推进刑罚执行一体化建设,要统筹整合各方面资源,建立健全优势互补、资源共享、相互贯通的工作机制。司法部成立部刑罚执行一体化建设工作领导小组和办公室,负责指导全国刑罚执行一体化建设工作。各省(区、市)司法厅(局)和新疆生产建设兵团司法局成立刑罚执行一体化建设工作领导小组和办公室,组织本地区开展刑罚执行一体化建设工作。要积极协调人事、财政部门,将刑罚执行一体化建设纳入财政保障范围,制定经费支出标准和管理制度,出台激励措施,落实政策保障,把经费装备向基层一线倾斜，为刑罚执行一体化建设创造有力条件。各地在刑罚执行一体化建设中的重要问题和重要情况，要及时逐级报告。

（三）强化队伍，夯实基础。要把刑罚执行一体化建设作为锻炼队伍、培养干部的重要渠道。充分发挥监狱改造优势、积极延伸监狱改造职能，根据社区矫正对象分布和监狱改造警力的实际情况，按照两阶段、两步走的思路，有序推进监狱警察支持和参与社区矫正工作。首先，要积极选派监狱警察支持县级社区矫正机构，每个区（县）要有监狱警察参与社区矫正工作。其次，要特别注意社区矫正对象分布不平衡情况和监狱警力实际，逐步推进监狱警察到社区矫正对象比较多的司法所，在一线具体开展社区矫正工作。对监狱警察进入司法所开展工作，也分步骤实施，根据社区矫正对象多少和实际工作需要逐步推进监狱警察参与社区矫正工作。监狱警力比较紧张的地方，可视戒毒场所收治情况，适当组织部分戒毒警察参与社区矫正工作。通过组织选派监狱（戒毒）警察参与社区矫正工作，打通监狱（戒毒）警察对外交流和职务晋升渠道。对于政治素质、业务能力、工作实绩突出的干部，可推荐到司法所工作或到其他部门担任领导职务。监狱、戒毒警察参与社区矫正工作期间，人民警察身份不变，原级别、职务待遇不变，政策性工资、津贴及补贴等不变。各地要依法依规结合实际制定具体办法，明晰权责，切实履行好监督管理等执法职责，确保队伍稳定，执法规范，警力落到实处，见到效果。

（四）统筹资源，共同发展。要进一步健全完善司法行政系统内政法专项编制调剂使用机制，充分利用系统内调整腾退的政法专项编制，加强社区矫正队伍建设。要按照正规化专业化职业化的要求，不断为社区矫正机构配备具有法律等专业知识的专门国家工作人员，提高监督管理等执法职责的能力和水平。要推进社区矫正工作人员到监狱挂职或工作。建立刑罚执行深度融合的一体化执法平台，利用网络准确传输交换有关法律文书，及时共享信息，提高分析研判和预警预测能力，实现工作效应最大化。要充分利用法治宣传、法律援助、人民调解、安置帮教等司法行政资源，统筹县级司法局与乡镇（街道）司法所，明确工作职责，优化工作流程，全面推进社区矫正工作。

（五）依法履职，加强衔接。社区矫正工作与监狱监管改造性质相同、目标一致、措施关联、方法相通，要着力构建相互衔接、相互协调的刑罚执行体系。社区矫正机构与监狱要共同开展执法实务、教育矫正等专业化培训，共建执法协作平台，共用执法装备设施，为推进刑罚执行一体化提供基础保障。要加强衔接配合，健全完善联席会议制度、情况通报制度，建立会商机制，完善信息交换平台，定期通报情况，及时分析研判，通过共同出台制度文件，共同召开协调会议、共同开展业务培训等方式,共同协调解决执法中存在的问题。监狱、社区矫正机构要共同做好假释和暂予监外执行等刑罚执行工作,监狱在提请假释和暂予监外执行前,依法委托社区矫正机构进行调查评估,社区矫正机构按时向监狱提交调查评估意见,对不符合假释、暂予监外执行条件的,共同做好工作。社区矫正机构对拟提请撤销假释、暂予监外执行拟提请收监执行的,与监狱机关加强沟通,通报情况。要加强刑罚执行交付接收和收监执行的衔接配合管理,畅通渠道,确保接收、收监顺利及时安全。

(六)动员各方,协同共建。社区矫正工作是一项社会治理系统工程,要着力构建党委领导、政府负责、社会协同、公众参与、法治保障的社区矫正治理体系。各级司法行政机关要始终坚持在党委政府的统一领导下,主动加强与公检法等部门的沟通协调,推动刑罚执行与刑事侦查、追诉、审判紧密衔接、形成合力。要加强与人民法院在审判中、审判后、矫正中的衔接配合,确保执法统一,提高执行效率。要依法自觉接受人民检察院监督,不断提高社区矫正执法规范化水平。要加强与公安机关的衔接配合,及时依法处理严重违规及再犯罪的社区矫正对象,维护刑罚执行严肃性和权威性。要积极引导社会力量参与,拓宽社会参与渠道,发挥社区居民委员会、村民委员会的作用,鼓励企事业单位、社会组织,动员组织社区矫正对象监护人、保证人、家庭成员、所在单位或就读学校和社会工作者、志愿者等力量,协助做好社区矫正工作,多元参与,共同打造"专群结合、群防群治"的社区矫正工作新格局。

(七)科技支撑,智能应用。要统筹人力科技支撑,按照"数字法治·智慧司法"的总体部署,积极推进"智慧监狱"和"智慧矫正"建设。监狱和社区矫正机构要实现信息管理系统互联互通、共享共用,充分运用大数据、云计算、人工智能、区块链等现代信息技术,推动与刑罚执行一体化需求的深度融合,构建网络化、数字化、智能化刑罚执行信息体系,提升刑罚执行工作智能化水平。要加快推进省级社区矫正业务系统的升级改造,构建自动化数据采集与共享体系,在2019年底前建成省级社区矫正数据库,并与司法部实现对接连通。加强部、省、市、县社区矫正指挥中心建设,全面接入远程视频督察系统。要将监狱、社区矫正工作信息通过中国法律服务网等电子信息平台发布共享,推动执法公开,接受社会监督。

三、切实加强刑罚执行一体化建设工作的领导

(一)加强组织领导

各省(区、市)司法厅(局)要高度重视,强化责任担当,完善工作机制,全面提升刑罚执行一体化建设的工作水平。2018年年底前制定具体实施方案,

落实工作责任,抓好组织实施。2019年6月底前,要向司法部书面报告刑罚执行一体化建设工作推进情况。要积极向省(区、市)党委政府汇报工作,争取党委政府支持,确保工作顺利推进,取得实效。

(二)加强制度创新

要加强制度创新,善于将基层创造的成功经验上升为制度,要善于借助"外脑"和"智库",创新理论,发现规律,为推进刑罚执行一体化建设工作提供制度保障。要注重总结在刑罚执行一体化建设工作中的创新做法和典型经验,以典型引路,动员社会各方力量积极关注参与刑罚执行工作,为刑罚执行一体化建设工作营造良好的社会氛围。

(三)加强督查考核

各省(区、市)司法厅(局)要认真开展调查研究,注重解决矛盾问题,激发基层创新活力,推动刑罚执行一体化建设工作高质量发展。要加强督查考核,建立考核评价机制,把刑罚执行一体化建设工作成效纳入工作考核,定期对刑罚执行一体化建设工作情况进行督促检查,采取有力措施,确保这项工作落到实处,形成主要领导负总责、一级抓一级、层层抓落实的工作格局。

最高人民法院　最高人民检察院　公安部司法部关于印发《关于进一步加强社区矫正工作衔接配合管理的意见》的通知

(2016年8月30日　司发通〔2016〕88号)

各省、自治区、直辖市高级人民法院、人民检察院、公安厅(局)、司法厅(局)，新疆维吾尔自治区高级人民法院生产建设兵团分院、新疆生产建设兵团人民检察院、公安局、司法局、监狱管理局：

为进一步加强社区矫正工作衔接配合，确保社区矫正依法适用、规范运行，提高社区矫正实效，最高人民法院、最高人民检察院、公安部、司法部联合制定了《关于进一步加强社区矫正工作衔接配合管理的意见》。现予印发，请认真贯彻执行。对执行中遇到的问题，请分别及时报告最高人民法院、最高人民检察院、公安部、司法部。

关于进一步加强社区矫正工作衔接配合管理的意见

为进一步加强社区矫正工作衔接配合，确保社区矫正依法适用、规范运行，根据刑法、刑事诉讼法以及最高人民法院、最高人民检察院、公安部、司法部《社区矫正实施办法》等有关规定，结合工作实际，制定本意见。

一、加强社区矫正适用前的衔接配合管理

1.人民法院、人民检察院、公安机关、监狱对拟适用或者提请适用社区矫正的被告人、犯罪嫌疑人或者罪犯，需要调查其对所居住社区影响的，可以委托其居住地县级司法行政机关调查评估。对罪犯提请假释的，应当委托其居住地县级司法行政机关调查评估。对拟适用社区矫正的被告人或者罪犯,裁定或者决定机关应当核实其居住地。

委托调查评估时,委托机关应当发出调查评估委托函,并附下列材料:

(1)人民法院委托时,应当附带起诉书或者自诉状;

(2)人民检察院委托时,应当附带起诉意见书;

(3)看守所、监狱委托时,应当附带判决书、裁定书、执行通知书、减刑裁定书复印件以及罪犯在服刑期间表现情况材料。

2. 调查评估委托函应当包括犯罪嫌疑人、被告人、罪犯及其家属等有关人员的姓名、住址、联系方式、案由以及委托机关的联系人、联系方式等内容。

调查评估委托函不得通过案件当事人、法定代理人、诉讼代理人或者其他利害关系人转交居住地县级司法行政机关。

3. 居住地县级司法行政机关应当自收到调查评估委托函及所附材料之日起10个工作日内完成调查评估,提交评估意见。对于适用刑事案件速裁程序的,居住地县级司法行政机关应当在5个工作日内完成调查评估,提交评估意见。评估意见同时抄送居住地县级人民检察院。

需要延长调查评估时限的,居住地县级司法行政机关应当与委托机关协商,并在协商确定的期限内完成调查评估。

调查评估意见应当客观公正反映被告人、犯罪嫌疑人、罪犯适用社区矫正对其所居住社区的影响。委托机关应当认真审查调查评估意见,作为依法适用或者提请适用社区矫正的参考。

4. 人民法院在作出暂予监外执行决定前征求人民检察院意见时,应当附罪犯的病情诊断、妊娠检查或者生活不能自理的鉴别意见等有关材料。

二、加强对社区服刑人员交付接收的衔接配合管理

5. 对于被判处管制、宣告缓刑、假释的罪犯,人民法院、看守所、监狱应当书面告知其到居住地县级司法行政机关报到的时间期限以及逾期报到的后果,并在规定期限内将有关法律文书送达居住地县级司法行政机关,同时抄送居住地县级人民检察院和公安机关。

社区服刑人员前来报到时,居住地县级司法行政机关未收到法律文书或者法律文书不齐全,可以先记录在案,并通知人民法院、监狱或者看守所在5日内送达或者补齐法律文书。

6. 人民法院决定暂予监外执行或者公安机关、监狱管理机关批准暂予监外执行的,交付时应当将罪犯的病情诊断、妊娠检查或者生活不能自理的鉴别意见等有关材料复印件一并送达居住地县级司法行政机关。

7.人民法院、公安机关、司法行政机关在社区服刑人员交付接收工作中衔接脱节,或者社区服刑人员逃避监管、未按规定时间期限报到,造成没有及时执行社区矫正的,属于漏管。

8.居住地社区矫正机构发现社区服刑人员漏管,应当及时组织查找,并由居住地县级司法行政机关通知有关人民法院、公安机关、监狱、居住地县级人民检察院。

社区服刑人员逃避监管、不按规定时间期限报到导致漏管的,居住地县级司法行政机关应当给予警告;符合收监执行条件的,依法提出撤销缓刑、撤销假释或者对暂予监外执行收监执行的建议。

9.人民检察院应当加强对社区矫正交付接收中有关机关履职情况的监督,发现有下列情形之一的,依法提出纠正意见:

(1)人民法院、公安机关、监狱未依法送达交付执行法律文书,或者未向社区服刑人员履行法定告知义务;

(2)居住地县级司法行政机关依法应当接收社区服刑人员而未接收;

(3)社区服刑人员未在规定时间期限报到,居住地社区矫正机构未及时组织查找;

(4)人民法院决定暂予监外执行,未通知居住地社区矫正机构与有关公安机关,致使未办理交接手续;

(5)公安机关、监狱管理机关批准罪犯暂予监外执行,罪犯服刑的看守所、监狱未按规定与居住地社区矫正机构办理交接手续;

(6)其他未履行法定交付接收职责的情形。

三、加强对社区服刑人员监督管理的衔接配合

10.社区服刑人员在社区矫正期间脱离居住地社区矫正机构的监督管理下落不明,或者虽能查找到其下落但拒绝接受监督管理的,属于脱管。

11.居住地社区矫正机构发现社区服刑人员脱管,应当及时采取联系本人、其家属亲友,走访有关单位和人员等方式组织追查,做好记录,并由县级司法行政机关视情形依法给予警告、提请治安管理处罚、提请撤销缓刑、撤销假释或者对暂予监外执行的提请收监执行。

12.人民检察院应当加强对社区矫正监督管理活动的监督,发现有下列情形之一的,依法提出纠正意见:

(1)社区服刑人员报到后,居住地县级司法行政机关未向社区服刑人员履行法定告知义务,致使其未按照有关规定接受监督管理;

(2)居住地社区矫正机构违反规定批准社区服刑人员离开所居住的市、

县,或者违反人民法院禁止令的内容批准社区服刑人员进入特定区域或者场所;

(3)居住地县级司法行政机关对违反社区矫正规定的社区服刑人员,未依法给予警告、提请治安管理处罚;

(4)其他未履行法定监督管理职责的情形。

13.司法行政机关应当会同人民法院、人民检察院、公安机关健全完善联席会议制度、情况通报制度,每月通报核对社区服刑人员人数变动、漏管脱管等数据信息,及时协调解决工作中出现的问题。

14.司法行政机关应当建立完善社区服刑人员的信息交换平台,推动与人民法院、人民检察院、公安机关互联互通,利用网络及时准确传输交换有关法律文书,根据需要查询社区服刑人员脱管漏管、被治安管理处罚、犯罪等情况,共享社区矫正工作动态信息,实现网上办案、网上监管、网上监督。对社区服刑人员采用电子定位方式实施监督,应当采用相应技术,防止发生人机分离,提高监督管理的有效性和安全性。

15.社区服刑人员被依法决定行政拘留、司法拘留、收容教育、强制隔离戒毒等或者因涉嫌犯新罪、发现判决宣告前还有其他罪没有判决被采取强制措施的,决定机关应当自作出决定之日起3日内将有关情况通知居住地县级司法行政机关和居住地县级人民检察院。

四、加强对社区服刑人员收监执行的衔接配合管理

16.社区服刑人员符合收监执行条件的,居住地社区矫正机构应当及时按照规定,向原裁判人民法院或者公安机关、监狱管理机关送达撤销缓刑、撤销假释建议书或者对暂予监外执行的收监执行建议书并附相关证明材料。人民法院、公安机关、监狱管理机关应当在规定期限内依法作出裁定或者决定,并将法律文书送达居住地县级司法行政机关,同时抄送居住地县级人民检察院、公安机关。

17.社区服刑人员因违反监督管理规定被依法撤销缓刑、撤销假释或者暂予监外执行被决定收监执行的,应当本着就近、便利、安全的原则,送交其居住地所属的省(区、市)的看守所、监狱执行刑罚。

18.社区服刑人员被裁定撤销缓刑的,居住地社区矫正机构应当向看守所、监狱移交撤销缓刑裁定书和执行通知书、撤销缓刑建议书以及原判决书、裁定书和执行通知书、起诉书副本、结案登记表以及社区矫正期间表现情况等文书材料。

社区服刑人员被裁定撤销假释的,居住地社区矫正机构应当向看守所、监狱移交撤销假释裁定书和执行通知书、撤销假释建议书、社区矫正期间表现情况材料,原判决书、裁定书和执行通知书、起诉书副本、结案登记表复印件等文书材料。罪犯收监后,居住地社区矫正机构通知罪犯原服刑看守所、监狱将罪犯假释前的档案材料移交撤销假释后的服刑看守所、监狱。

暂予监外执行社区服刑人员被人民法院决定收监执行的,居住地社区矫正机构应当向看守所、监狱移交收监执行决定书和执行通知书以及原判决书、裁定书和执行通知书、起诉书副本、结案登记表、社区矫正期间表现等文书材料。

暂予监外执行社区服刑人员被公安机关、监狱管理机关决定收监执行的,居住地社区矫正机构应当向看守所、监狱移交社区服刑人员在接受矫正期间的表现情况等文书材料。

19. 撤销缓刑、撤销假释裁定书或者对暂予监外执行罪犯收监执行决定书应当在居住地社区矫正机构教育场所公示。属于未成年或者犯罪的时候不满十八周岁被判处五年有期徒刑以下刑罚的社区服刑人员除外。

20. 被裁定、决定收监执行的社区服刑人员在逃的,居住地社区矫正机构应当在收到人民法院、公安机关、监狱管理机关的裁定、决定后,立即通知居住地县级公安机关,由其负责实施追捕。

撤销缓刑、撤销假释裁定书和对暂予监外执行罪犯收监执行决定书,可以作为公安机关网上追逃依据。公安机关根据案情决定是否实施网上追逃。

21. 社区服刑人员被行政拘留、司法拘留、收容教育、强制隔离戒毒等行政处罚或者强制措施期间,人民法院、公安机关、监狱管理机关依法作出对其撤销缓刑、撤销假释的裁定或者收监执行决定的,居住地社区矫正机构应当将人民法院、公安机关、监狱管理机关的裁定书、决定书送交作出上述决定的机关,由有关部门依法收监执行刑罚。

22. 人民检察院应当加强对社区矫正收监执行活动的监督,发现有下列情形之一的,依法提出纠正意见:

（1）居住地县级司法行政机关未依法向人民法院、公安机关、监狱管理机关提出撤销缓刑、撤销假释建议或者对暂予监外执行的收监执行建议;

（2）人民法院、公安机关、监狱管理机关未依法作出裁定、决定,或者未依法送达;

（3）居住地县级司法行政机关、公安机关未依法将罪犯送交看守所、监狱,或者未依法移交被收监执行罪犯的文书材料;

（4）看守所、监狱未依法收监执行;

(5)公安机关未依法协助送交收监执行罪犯,或者未依法对在逃的收监执行罪犯实施追捕;

(6)其他违反收监执行规定的情形。

23. 对社区服刑人员实行社区矫正,本意见未明确的程序和事项,按照有关法律法规以及最高人民法院、最高人民检察院、公安部、司法部《社区矫正实施办法》,最高人民法院、最高人民检察院、公安部、司法部、国家卫生计生委《暂予监外执行规定》等执行。

24. 本意见自发布之日起施行。

司法部关于印发《监狱暂予监外执行程序规定》的通知

(2016年8月22日 司发通〔2016〕78号)

各省、自治区、直辖市司法厅(局),新疆生产建设兵团司法局、监狱管理局:

《监狱暂予监外执行程序规定》已经2016年8月18日司法部部长办公会议审议通过,现印发你们,请认真贯彻执行。

监狱暂予监外执行程序规定

第一章 总 则

第一条 为规范监狱办理暂予监外执行工作程序,根据《中华人民共和国刑事诉讼法》、《中华人民共和国监狱法》、《暂予监外执行规定》等有关规定,结合刑罚执行工作实际,制定本规定。

第二条 监狱办理暂予监外执行,应当遵循依法、公开、公平、公正的原则,严格实行办案责任制。

第三条 省、自治区、直辖市监狱管理局和监狱分别成立暂予监外执行评审委员会,由局长和监狱长任主任,分管暂予监外执行工作的副局长和副监狱长任副主任,刑罚执行、狱政管理、教育改造、狱内侦查、生活卫生、劳动改造等有关部门负责人为成员,监狱管理局、监狱暂予监外执行评审委员会成员不得少于9人。

监狱成立罪犯生活不能自理鉴别小组,由监狱长任组长,分管暂予监外执行工作的副监狱长任副组长,刑罚执行、狱政管理、生活卫生等部门负责人及2名以上医疗专业人员为成员,对因生活不能自理需要办理暂予监外执行的罪犯进行鉴别,鉴别小组成员不得少于7人。

第四条 监狱办理暂予监外执行,应当由监区人民警察集体研究,监区长办公会议审核,监狱刑罚执行部门审查,监狱暂予监外执行评审委员会评审,监狱长办公会议决定。

省、自治区、直辖市监狱管理局刑罚执行部门审查监狱依法定程序提请的暂予监外执行建议并出具意见,报请局长召集暂予监外执行评审委员会审核,必要时可以召开局长办公会议决定。

第五条 违反法律规定和本规定办理暂予监外执行,涉嫌违纪的,依照有关处分规定追究相关人员责任;涉嫌犯罪的,移送司法机关追究刑事责任。

第二章 暂予监外执行的诊断、检查、鉴别程序

第六条 对在监狱服刑的罪犯需要暂予监外执行的,监狱应当组织对罪犯进行病情诊断、妊娠检查或者生活不能自理的鉴别。罪犯本人或者其亲属、监护人也可以向监狱提出书面申请。

第七条 监狱组织诊断、检查或者鉴别,应当由监区提出意见,经监狱刑罚执行部门审查,报分管副监狱长批准后进行诊断、检查或者鉴别。

对于患有严重疾病或者怀孕需要暂予监外执行的罪犯,委托省级人民政府指定的医院进行病情诊断或者妊娠检查。

对于生活不能自理需要暂予监外执行的罪犯,由监狱罪犯生活不能自理鉴别小组进行鉴别。

第八条 对罪犯的病情诊断或妊娠检查证明文件,应当由两名具有副高以上专业技术职称的医师共同作出,经主管业务院长审核签名,加盖公章,并附化验单、影像学资料和病历等有关医疗文书复印件。

第九条 对于生活不能自理的鉴别,应当由监狱罪犯生活不能自理鉴别小组审查下列事项:

(一)调取并核查罪犯经六个月以上治疗、护理和观察,生活自理能力仍不能恢复的材料;

(二)查阅罪犯健康档案及相关材料;

(三)询问主管人民警察,并形成书面材料;

(四)询问护理人员及其同一监区2名以上罪犯,并形成询问笔录;

(五)对罪犯进行现场考察,观察其日常生活行为,并形成现场考察书面

材料;

(六)其他能够证明罪犯生活不能自理的相关材料。

审查结束后,鉴别小组应当及时出具意见并填写《罪犯生活不能自理鉴别书》,经鉴别小组成员签名以后,报监狱长审核签名,加盖监狱公章。

第十条　监狱应当向人民检察院通报对罪犯进行病情诊断、妊娠检查和生活不能自理鉴别工作情况。人民检察院可以派员监督。

第三章　暂予监外执行的提请程序

第十一条　罪犯需要保外就医的,应当由罪犯本人或其亲属、监护人提出保证人。无亲属、监护人的,可以由罪犯居住地的村(居)委会、原所在单位或者县级司法行政机关社区矫正机构推荐保证人。监狱刑罚执行部门对保证人的资格进行审查,填写《保证人资格审查表》,并告知保证人在罪犯暂予监外执行期间应当履行的义务,由保证人签署《暂予监外执行保证书》。

第十二条　对符合办理暂予监外执行条件的罪犯,监区人民警察应当集体研究,提出提请暂予监外执行建议,经监区长办公会议审核同意后,报送监狱刑罚执行部门审查。

第十三条　监区提出提请暂予监外执行建议的,应当报送下列材料:

(一)《暂予监外执行审批表》;

(二)终审法院裁判文书、执行通知书、历次刑罚变更执行法律文书;

(三)《罪犯病情诊断书》、《罪犯妊娠检查书》及相关诊断、检查的医疗文书复印件,《罪犯生活不能自理鉴别书》及有关证明罪犯生活不能自理的治疗、护理和现场考察、询问笔录等材料;

(四)监区长办公会议记录;

(五)《保证人资格审查表》、《暂予监外执行保证书》及相关材料。

第十四条　监狱刑罚执行部门收到监区对罪犯提请暂予监外执行的材料后,应当就下列事项进行审查:

(一)提交的材料是否齐全、完备、规范;

(二)罪犯是否符合法定暂予监外执行的条件;

(三)提请暂予监外执行的程序是否符合规定。

经审查,对材料不齐全或者不符合提请条件的,应当通知监区补充有关材料或者退回;对相关材料有疑义的,应当进行核查。对材料齐全、符合提请条件的,应当出具审查意见,由科室负责人在《暂予监外执行审批表》上签署意见,连同监区报送的材料一并提交监狱暂予监外执行评审委员会评审。

第十五条　监狱刑罚执行部门应当核实暂予监外执行罪犯拟居住地,对需要调查评估其对所居住社区影响或核实保证人具保条件的,填写《拟暂予监外执行罪犯调查评估委托函》,附带原刑事判决书、减刑裁定书复印件以及罪犯在服刑期间表现情况材料,委托居住地县级司法行政机关进行调查,并出具调查评估意见书。

第十六条　监狱暂予监外执行评审委员会应当召开会议,对刑罚执行部门审查提交的提请暂予监外执行意见进行评审,提出评审意见。

监狱可以邀请人民检察院派员列席监狱暂予监外执行评审委员会会议。

第十七条　监狱暂予监外执行评审委员会评审后同意对罪犯提请暂予监外执行的,应当在监狱内进行公示。公示内容应当包括罪犯的姓名、原判罪名及刑期、暂予监外执行依据等。

公示期限为三个工作日。公示期内,罪犯对公示内容提出异议的,监狱暂予监外执行评审委员会应当进行复核,并告知其复核结果。

对病情严重必须立即保外就医的,可以不公示,但应当在保外就医后三个工作日内在监狱公告。

第十八条　公示无异议或者经复核异议不成立的,监狱应当将提请暂予监外执行相关材料送人民检察院征求意见。

征求意见后,监狱刑罚执行部门应当将监狱暂予监外执行评审委员会暂予监外执行建议和评审意见连同人民检察院意见,一并报请监狱长办公会议审议。

监狱对人民检察院意见未予采纳的,应当予以回复,并说明理由。

第十九条　监狱长办公会议决定提请暂予监外执行的,由监狱长在《暂予监外执行审批表》上签署意见,加盖监狱公章,并将有关材料报送省、自治区、直辖市监狱管理局。

人民检察院对提请暂予监外执行提出的检察意见,监狱应当一并移送办理暂予监外执行的省、自治区、直辖市监狱管理局。

决定提请暂予监外执行的,监狱应当将提请暂予监外执行书面意见的副本和相关材料抄送人民检察院。

第二十条　监狱决定提请暂予监外执行的,应当向省、自治区、直辖市监狱管理局提交提请暂予监外执行书面意见及下列材料:

(一)《暂予监外执行审批表》;

(二)终审法院裁判文书、执行通知书、历次刑罚变更执行法律文书;

（三）《罪犯病情诊断书》、《罪犯妊娠检查书》及相关诊断、检查的医疗文书复印件，《罪犯生活不能自理鉴别书》及有关证明罪犯生活不能自理的治疗、护理和现场考察、询问笔录等材料；

（四）监区长办公会议、监狱评审委员会会议、监狱长办公会议记录；

（五）《保证人资格审查表》、《暂予监外执行保证书》及相关材料；

（六）公示情况；

（七）根据案件情况需要提交的其他材料。

已委托县级司法行政机关进行核实、调查的，应当将调查评估意见书一并报送。

第四章 暂予监外执行的审批程序

第二十一条 省、自治区、直辖市监狱管理局收到监狱报送的提请暂予监外执行的材料后，应当进行审查。

对病情诊断、妊娠检查或者生活不能自理情况的鉴别是否符合暂予监外执行条件，由生活卫生部门进行审查；对上报材料是否符合法定条件、法定程序及材料的完整性等，由刑罚执行部门进行审查。

审查中发现监狱报送的材料不齐全或者有疑义的，刑罚执行部门应当通知监狱补交有关材料或者作出说明，必要时可派员进行核实；对诊断、检查、鉴别有疑义的，生活卫生部门应当组织进行补充鉴定或者重新鉴定。

审查无误后，应当由刑罚执行部门出具审查意见，报请局长召集评审委员会进行审核。

第二十二条 监狱管理局局长认为案件重大或者有其他特殊情况的，可以召开局长办公会议审议决定。

监狱管理局对罪犯办理暂予监外执行作出决定的，由局长在《暂予监外执行审批表》上签署意见，加盖监狱管理局公章。

第二十三条 对于病情严重需要立即保外就医的，省、自治区、直辖市监狱管理局收到监狱报送的提请暂予监外执行材料后，应当由刑罚执行部门、生活卫生部门审查，报经分管副局长审核后报局长决定，并在罪犯保外就医后三日内召开暂予监外执行评审委员会予以确认。

第二十四条 监狱管理局应当自收到监狱提请暂予监外执行材料之日起十五个工作日内作出决定。

批准暂予监外执行的，应当在五个工作日内，将《暂予监外执行决定书》

送达监狱,同时抄送同级人民检察院、原判人民法院和罪犯居住地县级司法行政机关社区矫正机构。

不予批准暂予监外执行的,应当在五个工作日内将《不予批准暂予监外执行决定书》送达监狱。

人民检察院认为暂予监外执行不当提出书面意见的,监狱管理局应当在接到书面意见后十五日内对决定进行重新核查,并将核查结果书面回复人民检察院。

第二十五条 监狱管理局批准暂予监外执行的,应当在十个工作日内,将暂予监外执行决定上网公开。

第五章 暂予监外执行的交付程序

第二十六条 省、自治区、直辖市监狱管理局批准暂予监外执行后,监狱应当核实罪犯居住地,书面通知罪犯居住地县级司法行政机关社区矫正机构并协商确定交付时间,对罪犯进行出监教育,书面告知罪犯在暂予监外执行期间应当遵守的法律和有关监督管理规定。

罪犯应当在《暂予监外执行告知书》上签名,如果因特殊原因无法签名的,可由其保证人代为签名。

监狱将《暂予监外执行告知书》连同《暂予监外执行决定书》交予罪犯本人或保证人。

第二十七条 监狱应当派员持《暂予监外执行决定书》及有关文书材料,将罪犯押送至居住地,与县级司法行政机关社区矫正机构办理交接手续。

罪犯因病情严重需要送入居住地的医院救治的,监狱可与居住地县级司法行政机关协商确定在居住地的医院交付并办理交接手续,暂予监外执行罪犯的保证人应当到场。

罪犯交付执行后,监狱应当在五个工作日内将罪犯交接情况通报人民检察院。

第二十八条 罪犯原服刑地与居住地不在同一省、自治区、直辖市,需要回居住地暂予监外执行的,监狱应当及时办理出监手续并将交接情况通报罪犯居住地的监狱管理局,原服刑地的监狱管理局应当自批准暂予监外执行三个工作日内将《罪犯档案转递函》、《暂予监外执行决定书》以及罪犯档案等材料送达罪犯居住地的监狱管理局。

罪犯居住地的监狱管理局应当在十个工作日内指定一所监狱接收罪犯

档案,负责办理该罪犯的收监、刑满释放等手续,并书面通知罪犯居住地县级司法行政机关社区矫正机构。

第六章 暂予监外执行的收监和释放程序

第二十九条 对经县级司法行政机关审核同意的社区矫正机构提出的收监建议,批准暂予监外执行的监狱管理局应当进行审查。

决定收监执行的,将《暂予监外执行收监决定书》送达罪犯居住地县级司法行政机关和原服刑或接收其档案的监狱,并抄送同级人民检察院、公安机关和原判人民法院。

第三十条 监狱收到《暂予监外执行收监决定书》后,应当立即赴羁押地将罪犯收监执行,并将《暂予监外执行收监决定书》交予罪犯本人。

罪犯收监后,监狱应当将收监执行的情况报告批准收监执行的监狱管理局,并告知罪犯居住地县级人民检察院和原判人民法院。

被决定收监执行的罪犯在逃的,由罪犯居住地县级司法行政机关通知罪犯居住地县级公安机关负责追捕。

第三十一条 被收监执行的罪犯有法律规定的不计入执行刑期情形的,县级司法行政机关社区矫正机构应当在收监执行建议书中说明情况,并附有关证明材料。

监狱管理局应当对前款材料进行审核,对材料不齐全的,应当通知县级司法行政机关社区矫正机构在五个工作日内补送;对不符合法律规定的不计入执行刑期情形的或者逾期未补送材料的,应当将结果告知县级司法行政机关社区矫正机构;对材料齐全、符合法律规定的不计入执行刑期情形的,应当通知监狱向所在地中级人民法院提出不计入刑期的建议书。

第三十二条 暂予监外执行罪犯刑期即将届满的,监狱收到县级司法行政机关社区矫正机构书面通知后,应当按期办理刑满释放手续。

第三十三条 罪犯在暂予监外执行期间死亡的,县级司法行政机关社区矫正机构应当自发现其死亡之日起五日以内,书面通知批准暂予监外执行的监狱管理局,并将有关死亡证明材料送达该罪犯原服刑或者接收其档案的监狱,同时抄送罪犯居住地同级人民检察院。

第七章　附　　则

第三十四条　监区人民警察集体研究会议、监区长办公会议、监狱暂予监外执行评审委员会会议、监狱长办公会议、监狱管理局暂予监外执行评审委员会会议、监狱管理局局长办公会议的记录和本规定第二十条规定的材料,应当存入档案并永久保存。会议记录应当载明不同意见,并由与会人员签名。

第三十五条　监狱办理职务犯罪罪犯暂予监外执行案件,应当按照有关规定报请备案审查。

第三十六条　司法部直属监狱办理暂予监外执行工作程序,参照本规定办理。

第三十七条　本规定自2016年10月1日起施行。

最高人民法院　最高人民检察院　公安部司法部　国家卫生计生委关于印发《暂予监外执行规定》的通知

(2014年10月24日　司发通〔2014〕112号)

各省、自治区、直辖市高级人民法院、人民检察院、公安厅(局)、司法厅(局)、卫生计生委,新疆维吾尔自治区高级人民法院生产建设兵团分院、新疆生产建设兵团人民检察院、公安局、司法局、监狱管理局、卫生局:

为了正确贯彻实施修改后的刑事诉讼法,进一步完善暂予监外执行制度,保障暂予监外执行工作严格依法规范进行,按照中央司法体制改革的要求,最高人民法院、最高人民检察院、公安部、司法部、国家卫生计生委联合制定了《暂予监外执行规定》,现予以印发,请认真贯彻执行。对于实施情况及遇到的问题,请分别及时报告最高人民法院、最高人民检察院、公安部、司法部、国家卫生计生委。

暂予监外执行规定

第一条　为了规范暂予监外执行工作,严格依法适用暂予监外执行,根据刑事诉讼法、监狱法等有关规定,结合刑罚执行工作实际,制定本规定。

第二条　对罪犯适用暂予监外执行,分别由下列机关决定或者批准:

(一)在交付执行前,由人民法院决定;

(二)在监狱服刑的,由监狱审查同意后提请省级以上监狱管理机关批准;

(三)在看守所服刑的,由看守所审查同意后提请设区的市一级以上公安机关批准。

对有关职务犯罪罪犯适用暂予监外执行,还应当依照有关规定逐案报请备案审查。

第三条 对暂予监外执行的罪犯,依法实行社区矫正,由其居住地的社区矫正机构负责执行。

第四条 罪犯在暂予监外执行期间的生活、医疗和护理等费用自理。

罪犯在监狱、看守所服刑期间因参加劳动致伤、致残被暂予监外执行的,其出监、出所后的医疗补助、生活困难补助等费用,由其服刑所在的监狱、看守所按照国家有关规定办理。

第五条 对被判处有期徒刑、拘役或者已经减为有期徒刑的罪犯,有下列情形之一,可以暂予监外执行:

(一)患有属于本规定所附《保外就医严重疾病范围》的严重疾病,需要保外就医的;

(二)怀孕或者正在哺乳自己婴儿的妇女;

(三)生活不能自理的。

对被判处无期徒刑的罪犯,有前款第二项规定情形的,可以暂予监外执行。

第六条 对需要保外就医或者属于生活不能自理,但适用暂予监外执行可能有社会危险性,或者自伤自残,或者不配合治疗的罪犯,不得暂予监外执行。

对职务犯罪、破坏金融管理秩序和金融诈骗犯罪、组织(领导、参加、包庇、纵容)黑社会性质组织犯罪的罪犯适用保外就医应当从严审批,对患有高血压、糖尿病、心脏病等严重疾病,但经诊断短期内没有生命危险的,不得暂予监外执行。

对在暂予监外执行期间因违法违规被收监执行或者因重新犯罪被判刑的罪犯,需要再次适用暂予监外执行的,应当从严审批。

第七条 对需要保外就医或者属于生活不能自理的累犯以及故意杀人、强奸、抢劫、绑架、放火、爆炸、投放危险物质或者有组织的暴力性犯罪的罪犯,原被判处死刑缓期二年执行或者无期徒刑的,应当在减为有期徒刑后执行有期徒刑七年以上方可适用暂予监外执行;原被判处十年以上有期徒刑的,应当执行原判刑期三分之一以上方可适用暂予监外执行。

对未成年罪犯、六十五周岁以上的罪犯、残疾人罪犯,适用前款规定可以适度从宽。

对患有本规定所附《保外就医严重疾病范围》的严重疾病,短期内有生命危险的罪犯,可以不受本条第一款规定关于执行刑期的限制。

第八条 对在监狱、看守所服刑的罪犯需要暂予监外执行的,监狱、看守所应当组织对罪犯进行病情诊断、妊娠检查或者生活不能自理的鉴别。罪犯本人或者其亲属、监护人也可以向监狱、看守所提出书面申请。

监狱、看守所对拟提请暂予监外执行的罪犯,应当核实其居住地。需要调查其对所居住社区影响的,可以委托居住地县级司法行政机关进行调查。

监狱、看守所应当向人民检察院通报有关情况。人民检察院可以派员监督有关诊断、检查和鉴别活动。

第九条 对罪犯的病情诊断或者妊娠检查,应当委托省级人民政府指定的医院进行。医院出具的病情诊断或者检查证明文件,应当由两名具有副高以上专业技术职称的医师共同作出,经主管业务院长审核签名,加盖公章,并附化验单、影像学资料和病历等有关医疗文书复印件。

对罪犯生活不能自理情况的鉴别,由监狱、看守所组织有医疗专业人员参加的鉴别小组进行。鉴别意见由组织鉴别的监狱、看守所出具,参与鉴别的人员应当签名,监狱、看守所的负责人应当签名并加盖公章。

对罪犯进行病情诊断、妊娠检查或者生活不能自理的鉴别,与罪犯有亲属关系或者其他利害关系的医师、人员应当回避。

第十条 罪犯需要保外就医的,应当由罪犯本人或者其亲属、监护人提出保证人,保证人由监狱、看守所审查确定。

罪犯没有亲属、监护人的,可以由其居住地的村(居)民委员会、原所在单位或者社区矫正机构推荐保证人。

保证人应当向监狱、看守所提交保证书。

第十一条 保证人应当同时具备下列条件:

(一)具有完全民事行为能力,愿意承担保证人义务;

(二)人身自由未受到限制;

(三)有固定的住处和收入;

(四)能够与被保证人共同居住或者居住在同一市、县。

第十二条 罪犯在暂予监外执行期间,保证人应当履行下列义务:

(一)协助社区矫正机构监督被保证人遵守法律和有关规定;

(二)发现被保证人擅自离开居住的市、县或者变更居住地,或者有违法犯罪行为,或者需要保外就医情形消失,或者被保证人死亡的,立即向社区矫正机构报告;

（三）为被保证人的治疗、护理、复查以及正常生活提供帮助；

（四）督促和协助被保证人按照规定履行定期复查病情和向社区矫正机构报告的义务。

第十三条 监狱、看守所应当就是否对罪犯提请暂予监外执行进行审议。经审议决定对罪犯提请暂予监外执行的，应当在监狱、看守所内进行公示。对病情严重必须立即保外就医的，可以不公示，但应当在保外就医后三个工作日以内在监狱、看守所内公告。

公示无异议或者经审查异议不成立的，监狱、看守所应当填写暂予监外执行审批表，连同有关诊断、检查、鉴别材料、保证人的保证书，提请省级以上监狱管理机关或者设区的市一级以上公安机关批准。已委托进行核实、调查的，还应当附县级司法行政机关出具的调查评估意见书。

监狱、看守所审议暂予监外执行前，应当将相关材料抄送人民检察院。决定提请暂予监外执行的，监狱、看守所应当将提请暂予监外执行书面意见的副本和相关材料抄送人民检察院。人民检察院可以向决定或者批准暂予监外执行的机关提出书面意见。

第十四条 批准机关应当自收到监狱、看守所提请暂予监外执行材料之日起十五个工作日以内作出决定。批准暂予监外执行的，应当在五个工作日以内将暂予监外执行决定书送达监狱、看守所，同时抄送同级人民检察院、原判人民法院和罪犯居住地社区矫正机构。暂予监外执行决定书应当上网公开。不予批准暂予监外执行的，应当在五个工作日以内将不予批准暂予监外执行决定书送达监狱、看守所。

第十五条 监狱、看守所应当向罪犯发放暂予监外执行决定书，及时为罪犯办理出监、出所相关手续。

在罪犯离开监狱、看守所之前，监狱、看守所应当核实其居住地，书面通知其居住地社区矫正机构，并对其进行出监、出所教育，书面告知其在暂予监外执行期间应当遵守的法律和有关监督管理规定。罪犯应当在告知书上签名。

第十六条 监狱、看守所应当派员持暂予监外执行决定书及有关文书材料，将罪犯押送至居住地，与社区矫正机构办理交接手续。监狱、看守所应当及时将罪犯交接情况通报人民检察院。

第十七条 对符合暂予监外执行条件的，被告人及其辩护人有权向人民法院提出暂予监外执行的申请，看守所可以将有关情况通报人民法院。对被告人、罪犯的病情诊断、妊娠检查或者生活不能自理的鉴别，由人民法院依照本规定程序组织进行。

第十八条　人民法院应当在执行刑罚的有关法律文书依法送达前,作出是否暂予监外执行的决定。

人民法院决定暂予监外执行的,应当制作暂予监外执行决定书,写明罪犯基本情况、判决确定的罪名和刑罚、决定暂予监外执行的原因、依据等,在判决生效后七日以内将暂予监外执行决定书送达看守所或者执行取保候审、监视居住的公安机关和罪犯居住地社区矫正机构,并抄送同级人民检察院。

人民法院决定不予暂予监外执行的,应当在执行刑罚的有关法律文书依法送达前,通知看守所或者执行取保候审、监视居住的公安机关,并告知同级人民检察院。监狱、看守所应当依法接收罪犯,执行刑罚。

人民法院在作出暂予监外执行决定前,应当征求人民检察院的意见。

第十九条　人民法院决定暂予监外执行,罪犯被羁押的,应当通知罪犯居住地社区矫正机构,社区矫正机构应当派员持暂予监外执行决定书及时与看守所办理交接手续,接收罪犯档案;罪犯被取保候审、监视居住的,由社区矫正机构与执行取保候审、监视居住的公安机关办理交接手续。

第二十条　罪犯原服刑地与居住地不在同一省、自治区、直辖市,需要回居住地暂予监外执行的,原服刑地的省级以上监狱管理机关或者设区的市一级以上公安机关监所管理部门应当书面通知罪犯居住地的监狱管理机关、公安机关监所管理部门,由其指定一所监狱、看守所接收罪犯档案,负责办理罪犯收监、刑满释放等手续,并及时书面通知罪犯居住地社区矫正机构。

第二十一条　社区矫正机构应当及时掌握暂予监外执行罪犯的身体状况以及疾病治疗等情况,每三个月审查保外就医罪犯的病情复查情况,并根据需要向批准、决定机关或者有关监狱、看守所反馈情况。

第二十二条　罪犯在暂予监外执行期间因犯新罪或者发现判决宣告以前还有其他罪没有判决的,侦查机关应当在对罪犯采取强制措施后二十四小时以内,将有关情况通知罪犯居住地社区矫正机构;人民法院应当在判决、裁定生效后,及时将判决、裁定的结果通知罪犯居住地社区矫正机构和罪犯原服刑或者接收其档案的监狱、看守所。

罪犯按前款规定被判处监禁刑罚后,应当由原服刑的监狱、看守所收监执行;原服刑的监狱、看守所与接收其档案的监狱、看守所不一致的,应当由接收其档案的监狱、看守所收监执行。

第二十三条　社区矫正机构发现暂予监外执行罪犯依法应予收监执行的,应当提出收监执行的建议,经县级司法行政机关审核同意后,报决定或者批准机关。决定或者批准机关应当进行审查,作出收监执行决定的,将有关的法律文书送达罪犯居住地县级司法行政机关和原服刑或者接收其档案的监狱、看守所,并抄送同级人民检察院、公安机关和原判人民法院。

人民检察院发现暂予监外执行罪犯依法应予收监执行而未收监执行的,由决定或者批准机关同级的人民检察院向决定或者批准机关提出收监执行的检察建议。

第二十四条 人民法院对暂予监外执行罪犯决定收监执行的,决定暂予监外执行时剩余刑期在三个月以下的,由居住地公安机关送交看守所收监执行;决定暂予监外执行时剩余刑期在三个月以上的,由居住地公安机关送交监狱收监执行。

监狱管理机关对暂予监外执行罪犯决定收监执行的,原服刑或者接收其档案的监狱应当立即赴羁押地将罪犯收监执行。

公安机关对暂予监外执行罪犯决定收监执行的,由罪犯居住地看守所将罪犯收监执行。

监狱、看守所将罪犯收监执行后,应当将收监执行的情况报告决定或者批准机关,并告知罪犯居住地县级人民检察院和原判人民法院。

第二十五条 被决定收监执行的罪犯在逃的,由罪犯居住地县级公安机关负责追捕。公安机关将罪犯抓捕后,依法送交监狱、看守所执行刑罚。

第二十六条 被收监执行的罪犯有法律规定的不计入执行刑期情形的,社区矫正机构应当在收监执行建议书中说明情况,并附有关证明材料。批准机关进行审核后,应当及时通知监狱、看守所向所在地的中级人民法院提出不计入执行刑期的建议书。人民法院应当自收到建议书之日起一个月以内依法对罪犯的刑期重新计算作出裁定。

人民法院决定暂予监外执行的,在决定收监执行的同时应当确定不计入刑期的期间。

人民法院应当将有关的法律文书送达监狱、看守所,同时抄送同级人民检察院。

第二十七条 罪犯暂予监外执行后,刑期即将届满的,社区矫正机构应当在罪犯刑期届满前一个月以内,书面通知罪犯原服刑或者接收其档案的监狱、看守所按期办理刑满释放手续。

人民法院决定暂予监外执行罪犯刑期届满的,社区矫正机构应当及时解除社区矫正,向其发放解除社区矫正证明书,并将有关情况通报原判人民法院。

第二十八条 罪犯在暂予监外执行期间死亡的,社区矫正机构应当自发现之日起五日以内,书面通知决定或者批准机关,并将有关死亡证明材料送达罪犯原服刑或者接收其档案的监狱、看守所,同时抄送罪犯居住地同级人民检察院。

第二十九条 人民检察院发现暂予监外执行的决定或者批准机关、监狱、看守所、社区矫正机构有违法情形的,应当依法提出纠正意见。

第三十条 人民检察院认为暂予监外执行不当的,应当自接到决定书之日起一个月以内将书面意见送交决定或者批准暂予监外执行的机关,决定或者批准暂予监外执行的机关接到人民检察院的书面意见后,应当立即对该决定进行重新核查。

第三十一条 人民检察院可以向有关机关、单位调阅有关材料、档案,可以调查、核实有关情况,有关机关、单位和人员应当予以配合。

人民检察院认为必要时,可以自行组织或者要求人民法院、监狱、看守所对罪犯重新组织进行诊断、检查或者鉴别。

第三十二条 在暂予监外执行执法工作中,司法工作人员或者从事诊断、检查、鉴别等工作的相关人员有玩忽职守、徇私舞弊、滥用职权等违法违纪行为的,依法给予相应的处分;构成犯罪的,依法追究刑事责任。

第三十三条 本规定所称生活不能自理,是指罪犯因患病、身体残疾或者年老体弱,日常生活行为需要他人协助才能完成的情形。

生活不能自理的鉴别参照《劳动能力鉴定—职工工伤与职业病致残等级分级》(GB/T 16180—2006)执行。进食、翻身、大小便、穿衣洗漱、自主行动等五项日常生活行为中有三项需要他人协助才能完成,且经过六个月以上治疗、护理和观察,自理能力不能恢复的,可以认定为生活不能自理。六十五周岁以上的罪犯,上述五项日常生活行为有一项需要他人协助才能完成即可视为生活不能自理。

第三十四条 本规定自2014年12月1日起施行。最高人民检察院、公安部、司法部1990年12月31日发布的《罪犯保外就医执行办法》同时废止。

司法部 中央综治办 教育部 民政部 财政部 人力资源和社会保障部关于组织社会力量参与社区矫正工作的意见

(2014年9月26日 司发〔2014〕14号)

各省、自治区、直辖市司法厅(局)、综治办、教育厅(教委)、民政厅(局)、财政厅(局)、人力资源社会保障厅(局),新疆生产建设兵团司法局、综治办、教育局、民政局、财务局、人力资源社会保障局:

社区矫正是我国的一项重要法律制度,是将管制、缓刑、假释、暂予监外执行的罪犯置于社区内,由专门的国家机关在相关人民团体、社会组织和社会志愿者的协助下,在判决、裁定或决定确定的期限内,矫正其犯罪心理和行为恶习,促进其顺利回归社会的刑罚执行活动。社区矫正是深化司法体制改革和社会体制改革的重要内容,是法治中国建设的重要方面,社会力量的参与则是健全社区矫正制度、落实社区矫正任务的内在要求。为认真贯彻党的十八届三中、四中全会关于健全社区矫正制度的要求,根据中央领导同志的指示和社区矫正工作全面推进的实际,现就组织社会力量参与社区矫正工作提出如下意见。

一、充分认识社会力量参与社区矫正工作的重要性

我国的社区矫正从 2003 年起经过试点、扩大试点、全面试行两个阶段,目前已进入全面推进阶段。社区矫正把符合法定条件的罪犯放在社会上监督管理和教育改造,社会力量广泛参与是其显著特征。在工作力量上,既要有专职执法队伍,也要广泛动员社会工作者、志愿者以及社会组织、所在单位、学校、家庭成员等各种社会力量,共同做好社区矫正工作;在工作方法上,需要充分发挥专业组织、专业人员的作用,综合运用社会学、心理学、教育学、法学、社会工作等专业知识,实现科学矫正;在工作体系和工作机制上,需要依托村居、依靠基层组织,充分发挥各有关部门的职能作用,落实相关政策和措施,为社区服刑人员顺利回归社会创造条件。社区矫正工作开展以来,各地始终坚持紧紧依靠基层组织、广泛发动人民群众参与社区矫正工作,从实际出发,积极研究探索采取政府购买服务的方式,充实社区矫正机构工作人员,发展壮大社会工作者、志愿者队伍,专群结合开展社区矫正工作,取得了良好效果。目前全国从事社区矫正工作的社会工作者7.9万人,社会志愿者64.2万人。我国社会力量参与社区矫正工作取得了明显成效,但还存在着制度不健全、政策不完善、规模范围小、人员力量不足等问题,与社区矫正工作全面推进的要求相比尚不适应。新形势下,进一步鼓励引导社会力量参与社区矫正,是完善我国非监禁刑罚执行制度,健全社区矫正制度的客观需要;是提高教育矫正质量,促进社区服刑人员更好地融入社会的客观需要;是创新特殊人群管理服务,充分发挥社会主义制度优越性,预防和减少重新犯罪,维护社会和谐稳定的客观需要。我们要切实增强责任感和紧迫感,从政策制度上研究采取措施,充分发挥社会力量参与社区矫正工作的积极作用。

二、进一步鼓励引导社会力量参与社区矫正工作

(一)引导政府向社会力量购买社区矫正社会工作服务。司法行政部门、民政部门可根据职责分工,按照有利于转变政府职能、有利于降低服务成本、有利于提升服务质量和资金效益的原则,公开择优向社会力量购买社区矫正社会工作服务。要明确购买服务的数量、质量要求以及服务期限、资金支付方式、违约责任等,加强购买服务资金管理,指导督促服务承接机构履行合同义务,保证服务数量、质量和效果。

(二)鼓励引导社会组织参与社区矫正工作。鼓励社区矫正机构将疏导心理情绪、纠正行为偏差、修复与家庭和社区关系、恢复和发展社会功能、引导就学就业等项目,通过多种方式向具有社区矫正服务能力的社会组织购买服务。提供社区矫正服务的社会组织符合规定条件的可以享受相应的税收优惠政策。要引导其完善内部治理结构,加强服务队伍建设,提升在社区矫正领域提供社会工作专业服务的水平。鼓励热心于社区矫正事业的社会组织参与社区矫正工作,为社区服刑人员提供社会工作专业服务。司法行政部门通过建立完善社会组织参与社区矫正工作的机制和渠道,及时提供需求信息,为社会组织参与社区矫正创造条件、提供便利。

(三)发挥基层群众性自治组织的作用。村(居)民委员会是协助开展社区矫正工作的重要力量。村(居)民委员会应发挥其贴近社区服刑人员日常工作、生活的优势,及时掌握社区服刑人员的思想动向和行为表现,积极协助社区矫正机构做好社区服刑人员的困难帮扶、社区服务等工作,及时向社区矫正机构反映社区服刑人员情况,发动引导社区社会组织、志愿者和居民群众广泛参与社区矫正工作,扩大交往融合,促进社区服刑人员融入社区、回归社会。要按照"权随责走、费随事转"的要求,为村(居)民委员会落实协助开展社区矫正工作的经费。各级民政部门要将社区矫正工作纳入社区服务体系建设规划,加强城乡社区综合服务设施建设和社区公共服务综合信息平台建设,指导村(居)民委员会协助、参与社区矫正工作。

(四)鼓励企事业单位参与社区矫正工作。积极动员企事业单位参与社区矫正工作,通过捐赠物资、提供工作岗位、提供技能培训、提供专业服务等方式,为社区服刑人员回归社会提供帮助。录用符合条件社区服刑人员的企业按规定享受国家普惠政策。

(五)切实加强社区矫正志愿者队伍建设。社区矫正志愿者是热心社区矫正工作,自愿无偿协助对社区服刑人员开展法制教育、心理辅导、社会认知教育、技能培训等工作的人员。要广泛宣传、普及社区矫正志愿服务理念,切实发挥志愿者在社区矫正工作中的作用,建立社会工作者引领志愿者开展服务机制,扎实推进社区矫正志愿者注册和志愿服务记录工作,有计划、分层次、多形式地开展知识与技能培训,提升社区矫正志愿者服务的专业化水平,着力培育有一定专业特长、参与面广、服务功能强、作用发挥好的社区矫正志愿者队伍。对工作成绩显著的社区矫正志愿者,依国家规定给予表彰,形成有利于志愿者开展工作的良好氛围。鼓励企事业单位、公益慈善组织和公民个人对社区矫正志愿服务活动进行资助,形成多渠道、多元化的筹资机制。

(六)进一步加强矫正小组建设。矫正小组是组织动员社会力量参与社区矫正工作的重要平台。社区矫正机构按照规定为每一名社区服刑人员建立矫正小组,组织有关部门、村(居)民委员会、社会工作者、志愿者、社区服刑人员所在单位、就读学校、家庭成员或者监护人、保证人以及其他有关人员共同参与,落实社区矫正措施。矫正小组要因案制宜,因人制宜,融法律约束、道德引导、亲情感化为一体,促进社区服刑人员顺利融入社会。

三、做好政府已公开招聘的社区矫正社会工作者的保障工作

对于社区矫正工作试点以来已由政府有关部门公开招聘的社区矫正社会工作者,可依据国家有关规定享受相应的工作待遇,按照社会保险制度规定,按时足额缴纳社会保险费,实现应保尽保,保障其合法权益,并通过政府购买服务方式实行规范管理。鼓励其参加人力资源和社会保障部、民政部组织的全国社会工作者职业水平评价,用人单位可以根据需要对已取得全国社会工作者职业水平证书的人员通过竞聘上岗聘任相应级别专业技术职务。人力资源和社会保障部门支持民政部门、司法行政部门为其提供公益性和示范性业务培训平台,以实施专业技术人才知识更新工程为契机,进一步加大教育培训力度,完善教育培训政策。工作表现突出的,由主办单位按程序报批进行表彰,人力资源和社会保障部门积极配合做好表彰工作。

四、着力解决社区服刑人员就业就学和社会救助、社会保险等问题

(一)促进就业。人力资源和社会保障部门负责对有需求的社区服刑人员进行职业技能培训,并将其纳入本地职业技能培训总体规划。符合条件的社区服刑人员可以申请享受相关就业扶持政策,接受公共就业服务机构提供的职业指导和职业介绍等服务。

(二)帮助接受教育。对于未完成义务教育的未成年社区服刑人员,司法行政部门应当配合教育部门,协调并督促其法定监护人,帮助其接受义务教育。对于非义务教育阶段有就学意愿的社区服刑人员,地方教育部门应当对其予以鼓励和支持。

(三)做好基本生活救助。民政部门对基本生活暂时出现严重困难、确实需要救助的社区服刑人员依法给予临时救助。将生活困难、符合最低生活保障条件的社区服刑人员家庭依法纳入最低生活保障范围。

(四)落实社会保险。已参加企业职工基本养老保险并实现再就业或已参加城乡居民基本养老保险的,按规定继续参保缴费,达到法定退休年龄或养老保险待遇领取年龄的,可按规定领取相应基本养老金,但服刑期间不参与基本养老金调整。社区服刑人员可按规定执行基本医疗保险等有关医疗保障政策,享受相应待遇。符合申领失业保险金条件的社区服刑人员,可按规定享受失业保险待遇。

五、进一步加强对社会力量参与社区矫正工作的组织领导

各地要把进一步鼓励引导社会力量参与社区矫正提上重要议事日程,立足实际建立完善社会力量参与社区矫正的政策措施和制度办法。要紧紧依靠党委政府的领导,加强部门之间的沟通协调和衔接配合,做到各负其责、齐抓共管,落实社会力量参与社区矫正工作的各项政策措施。要将政府购买服务参与社区矫正工作的资金列入地方财政预算。各级综治组织要按照中央要求,进一步健全基层综合服务管理平台,进一步组织社会力量,整合各方资源,积极参与社区矫正工作。司法行政部门要充分发挥职能作用,主动协调各有关部门完善政策,健全制度,引导社会力量更多地投入社区矫正工作。要总结推广社会力量参与社区矫正的成功经验。积极发挥各类新闻媒体作用,加强对社会力量参与社区矫正工作成就的宣传,按照国家有关规定表彰社会力量参与社区矫正工作中涌现出来的先进事迹和先进典型,为全面推进社区矫正工作,维护社会和谐稳定做出积极贡献。

最高人民法院 最高人民检察院 公安部 司法部关于全面推进社区矫正工作的意见

(2014年8月27日 司发〔2014〕13号)

各省、自治区、直辖市高级人民法院、人民检察院、公安厅(局)、司法厅(局)，新疆维吾尔自治区高级人民法院生产建设兵团分院、新疆生产建设兵团人民检察院、公安局、司法局、监狱局：

　　党的十八届三中全会通过的《中共中央关于全面深化改革若干重大问题的决定》明确提出，要"健全社区矫正制度"。今年4月21日，习近平总书记在听取司法部工作汇报时明确指出，社区矫正已在试点的基础上全面推开，新情况新问题会不断出现。要持续跟踪完善社区矫正制度，加快推进立法，理顺工作体制机制，加强矫正机构和队伍建设，切实提高社区矫正工作水平。习近平总书记的重要指示，充分肯定了社区矫正工作取得的成绩，对社区矫正工作的目标、任务、措施等作了全面论述，提出了明确要求，为进一步做好社区矫正工作、完善社区矫正制度指明了方向。今年5月27日，最高人民法院、最高人民检察院、公安部、司法部联合召开了全国社区矫正工作会议，中央政治局委员、中央政法委书记孟建柱同志出席会议并作了重要讲话，对全面推进社区矫正工作提出了明确要求，对做好社区矫正工作具有重要指导意义。要认真学习领会习近平总书记重要指示和孟建柱同志重要讲话精神，切实抓好贯彻落实。现就全面推进社区矫正工作提出如下意见：

　　一、充分认识全面推进社区矫正工作的重要性和必要性

　　社区矫正是一项重要的非监禁刑罚执行制度，是宽严相济刑事政策在刑罚执行方面的重要体现，充分体现了社会主义法治教育人、改造人的优越性。在党中央、国务院正确领导下，我国从2003年开始社区矫正试点，2005年扩大试点，2009年全面试行。十多年来，社区矫正工作有序推进，发展顺利，取得了良好的法律效果和社会效果。目前，社区矫正具备了较好的工作基础，

法律制度初步确立,领导体制和工作机制逐步完善,机构队伍建设明显加强,保障能力进一步增强,社会参与积极性不断提高,社区矫正法已经列入立法规划,全面推进社区矫正工作的时机和条件已经成熟。全面推进社区矫正,健全社区矫正制度,是维护社会和谐稳定、推进平安中国建设的迫切要求,是完善刑罚执行制度,推进司法体制改革的必然要求,是体现国家尊重和保障人权、贯彻宽严相济刑事政策的内在要求。要切实增强政治意识、大局意识和责任意识,认真做好社区矫正工作,健全社区矫正制度,更好地发挥其在维护社会和谐稳定、推进平安中国建设中的积极作用。

二、全面推进社区矫正工作的指导思想和基本原则

全面推进社区矫正工作的指导思想是:以邓小平理论、"三个代表"重要思想、科学发展观为指导,认真贯彻落实党的十八大、十八届三中全会精神,认真学习贯彻习近平总书记系列重要讲话精神,学习贯彻习近平总书记对司法行政工作重要指示精神,贯彻落实中央深化司法体制和社会体制改革的决策部署,全面推进社区矫正,切实抓好对社区服刑人员的监督管理、教育矫正和社会适应性帮扶,加强中国特色社区矫正法律制度建设、机构队伍建设和保障能力建设,健全完善社区矫正制度,更好地预防和减少重新违法犯罪,为维护社会和谐稳定,建设平安中国、法治中国作出积极贡献。

全面推进社区矫正工作的基本原则是:必须坚持党的领导,立足我国基本国情,探索建立完善中国特色社区矫正制度,不照抄照搬国外的制度模式和做法,坚持社区矫正工作正确方向;必须坚持从实际出发,与本地的经济社会发展水平相适应,充分考虑社会对社区矫正工作的认同感,充分考虑本地社区建设、社会资源、工作力量的承受力;必须坚持依法推进,严格按照刑法、刑事诉讼法的规定开展工作,严格遵守和执行法定条件和程序,充分体现刑罚执行的严肃性、统一性和权威性;必须坚持把教育改造社区服刑人员作为社区矫正工作的中心任务,切实做好社区服刑人员监管教育和帮困扶助,把社区服刑人员改造成守法公民,预防和减少重新犯罪;必须坚持统筹协调,充分发挥各部门的职能作用,广泛动员社会力量参与社区矫正工作,为社区服刑人员顺利回归社会创造条件;必须坚持改革创新,用创新的思维和改革的办法解决工作中的困难和问题,不断实现新发展、取得新成绩。

三、全面推进社区矫正工作的主要任务

全面推进社区矫正,标志着社区矫正工作进入了一个新的发展阶段。各地要适应新形势新任务的要求,抓住机遇,顺势而为,依法规范履行职责,积极稳妥推进工作。

（一）全面落实社区矫正工作基本任务。严格执行刑罚,加强监督管理、教育矫正和社会适应性帮扶,是社区矫正的基本任务,也是全面推进社区矫正工作的前提和条件。要切实加强监督管理。严格落实监管制度,防止社区服刑人员脱管、漏管和重新违法犯罪。严格检查考核,及时准确掌握社区服刑人员的改造情况,按规定实施分级处遇,调动社区服刑人员的改造积极性。大力创新管理方式,充分发挥矫正小组的作用,充分利用现代科技手段,进一步推广手机定位、电子腕带等信息技术在监管中的应用,提高监管的可靠性和有效性。强化应急处置,健全完善应急处置预案,确保突发事件防范有力、处置迅速。要切实加强教育矫正。认真组织开展思想道德、法制、时事政治等教育,帮助社区服刑人员提高道德修养,增强法制观念,自觉遵纪守法。要组织开展社区服务,培养社区服刑人员正确的劳动观念,增强社会责任感,帮助他们修复社会关系,更好地融入社会。大力创新教育方式方法,实行分类教育和个别教育,普遍开展心理健康教育,做好心理咨询和心理危机干预,不断增强教育矫治效果。建立健全教育矫正质量评估体系,分阶段对社区服刑人员进行评估,并及时调整完善矫正对策措施,增强教育矫正的针对性和实效性。要切实加强社会适应性帮扶工作。制定完善并认真落实帮扶政策,协调解决社区服刑人员就业、就学、最低生活保障、临时救助、社会保险等问题,为社区服刑人员安心改造并融入社会创造条件。广泛动员企事业单位、社会团体、志愿者等各方面力量,发挥社会帮扶的综合优势,努力形成社会合力,提高帮扶效果。

（二）积极推进社区矫正制度化规范化法制化建设。积极推进社区矫正立法,努力从法律层面解决有关重大问题,为社区矫正工作长远发展提供法律保障。加强规章制度建设,在《社区矫正实施办法》基础上,进一步健全完善工作规定,使社区矫正工作制度覆盖调查评估、交付接收、管理教育、考核奖惩、收监执行、解除矫正等各个环节,确保社区矫正工作规范运行。深入推进社区矫正执法规范化建设,健全执法机制、完善执法流程、加强执法检查,切实规范执法行为,维护社区服刑人员合法权益,努力在每一个执法环节、每一起执法案件办理上使人民群众、社区服刑人员及其家属感受到公平正义。

（三）进一步健全社区矫正工作领导体制和工作机制。理顺社区矫正工作体制机制。建立和完善党委政府统一领导,司法行政部门组织实施、指导管理,法院、检察院、公安等相关部门协调配合,社会力量广泛参与的社区矫正领导体制和工作机制。进一步完善社区矫正联席会议制度、信息共享制度、情况通报制度等协作配合机制,及时发现和解决社区矫正全面推进过程中出现的新情况和新问题,共同制定和完善有关规章制度。司法行政机关要加强对社区矫正工作的组织实施、指导管理,完善监管教育制度,创新工作方法,依法规范、积极有序推进社区矫正工作。人民法院要依法适用社区矫正,对符合条件的被告人、罪犯,依法及时作出适用、变更社区矫正的判决、裁定;在社区矫正适用前,可委托司法行政机关进行调查评估;判决、裁定生效后,及时与社区矫正机构办理社区服刑人员及法律文书等相关移送手续,积极参与对社区服刑人员的回访和帮教。人民检察院要依法加强对社区矫正的法律监督,对违反法律规定的,及时提出纠正意见和检察建议,维护刑罚执行公平正义,维护社区服刑人员的合法权益,保障社区矫正依法公正进行。公安机关对重新犯罪、应予治安管理处罚的社区服刑人员,要依法及时处理。司法所、公安派出所、派驻乡镇检察室、人民法庭要建立健全社区矫正工作衔接配合机制,及时协调解决社区矫正工作中遇到的实际问题,确保社区矫正工作顺利推进。积极争取立法、编制、民政、财政、人力资源和社会保障等部门支持,为社区矫正工作全面推进创造有利条件。

(四)切实加强社区矫正机构和队伍建设。加强社区矫正机构建设,建立健全省、市、县三级社区矫正机构,重点加强县级司法行政机关社区矫正专门机构建设,切实承担起社区矫正工作职责。切实加强社区矫正工作队伍建设,着力加强县、乡两级专职队伍建设,配齐配强工作人员,保证执法和管理工作需要。各地要从各自实际出发,积极研究探索采取政府购买服务的方式,充实社区矫正机构工作人员,坚持专群结合,发展社会工作者和社会志愿者队伍,组织和引导企事业单位、社会团体、社会工作者和志愿者参与社区矫正工作。大力加强思想政治建设,教育引导社区矫正工作者坚定理想信念,牢固树立执法为民、公正执法的理念,培育职业良知,忠诚履行职责。大力加强执法能力和作风建设,加大业务培训力度,开展经常性岗位练兵活动,不断提高业务素质和工作能力,努力建设一支高素质的社区矫正工作队伍。切实加强司法所建设,改善装备条件,做好社区矫正日常工作。加强村(居)社区矫正工作站建设,落实帮教帮扶措施。

(五)进一步加强社区矫正工作保障能力建设。切实抓好社区矫正经费落实,按照财政部、司法部关于进一步加强社区矫正经费保障工作的意见,将社区矫正经费纳入各级财政预算,并探索建立动态增长机制,以适应社区矫正工作发展需要。大力推进场所设施建设,多形式、多渠道建立社区矫正场所设施,对社区服刑人员进行接收宣告、集中学习和培训。大力加强社区矫正信息化建设,科学规划,统一规范,健全完善全国社区服刑人员数据库,建立社区矫正信息平台,与有关部门互联互通、资源共享,推动实施对社区服刑人员网上监管、网上教育、网上服务帮扶,不断提升社区矫正工作的信息化水平。

四、切实加强对全面推进社区矫正工作的组织领导

要紧紧依靠党委政府的领导,把社区矫正工作纳入经济社会发展总体规划,及时研究解决工作中的重大问题。要加强部门之间的沟通协调和衔接配合,落实各项政策措施,确保社区矫正工作全面推进。要切实加强调查研究,持续跟踪社区矫正工作发展,及时研究解决社区矫正工作中出现的新情况新问题,尤其要围绕健全组织机构、完善工作制度、落实经费场所设施保障、加强队伍建设等,深入调查研究,切实解决问题,推动社区矫正工作不断深入。要加大社区矫正工作宣传力度。及时总结推广社区矫正工作的好经验好做法,充分发挥典型示范作用。大力表彰社区矫正工作中涌现出来的先进事迹,激励广大社区矫正工作者和社会各方力量在教育矫正社区服刑人员、维护社会和谐稳定中建功立业。要坚持改革创新,创造性地开展工作,创新监督管理方法手段,丰富教育矫正内容,注重社会适应性帮扶的针对性和实效性。要坚持求真务实、真抓实干,发扬钉钉子精神,把社区矫正工作各项任务落到实处、见到实效,切实提高社区矫正工作水平。

司法部关于贯彻最高人民法院最高人民检察院 公安部 司法部《关于对判处管制 宣告缓刑的犯罪分子适用禁止令有关问题的规定（试行）》做好禁止令执行工作的通知

(2011年5月23日 司发通〔2011〕98号)

各省、自治区、直辖市司法厅(局)、新疆生产建设兵团司法局、监狱管理局：

为加强对管制犯、缓刑犯的监管，促进对犯罪分子的教育矫正，同时有效保护被害人、证人等人员的安全，维护正常的社会秩序，刑法修正案(八)新增了有关对管制犯、缓刑犯可以适用禁止令的规定。为确保禁止令这项新制度得到正确适用和执行，最高人民法院、最高人民检察院、公安部、司法部联合发布了《关于对判处管制、宣告缓刑的犯罪分子适用禁止令有关问题的规定（试行）》(以下简称《规定》)，自2011年5月1日起施行。各级司法行政机关要认真组织学习贯彻《规定》，严格依法执行禁止令，进一步做好社区矫正工作。现将有关事项通知如下：

一、充分认识做好禁止令执行工作的重要意义

禁止令制度是我国刑罚制度的一个重要创新。《规定》是对刑法修正案(八)有关禁止令规定的具体化，对于在司法实践中依法正确适用、执行禁止令，保障和强化管制、缓刑的适用效果，进一步贯彻宽严相济刑事政策具有重要意义。《规定》明确了宣告禁止令的条件和确定的原则方法、具体内容、期限、裁量建议、裁判文书、执行机关、执行监督、违反禁止令的法律后果、变更程序等相关问题，有利于提高对管制、缓刑类社区服刑人员的教育矫正质量，有利于司法行政机关依法履行指导管理、组织实施社区矫正职责，进一步推动社区矫正工作依法、深入开展，在维护社会稳定，构建社会主义和谐社会中发挥应有的积极作用。各级司法行政机关一定要从全面实施国家法律、切实维护司法权威、有效惩治和预防犯罪、确保社会和谐稳定的高度,充分认识做好禁止令执行工作的重要性,组织有关人员,尤其是从事社区矫正工作的人员认真学习《规定》,确保禁止令得到正确执行。

二、严格依法做好禁止令执行工作

《规定》明确,禁止令由司法行政机关指导管理的社区矫正机构负责执行。各级司法行政机关,尤其是社区矫正工作部门和司法所要严格依法做好禁止令执行工作。

要准确理解、把握禁止令的内容。禁止令对社区服刑人员在规定期间内禁止从事的特定活动、禁止出入的特定区域、场所、禁止接触的特定人等事项作出明确具体规定。在执行过程中,应当严格执行人民法院的判决,不得扩大禁止事项的范围,不得缩减或延长禁止令的执行期限。

要做好与禁止令适用有关的调查评估。对人民法院、人民检察院等机关拟适用或者建议适用禁止令,委托司法行政机关进行调查评估的,受委托的司法行政机关应当根据委托机关的要求,就有关事项进行调查了解,形成书面材料,及时提交委托机关。

要严格宣告程序。对于被适用禁止令的社区服刑人员,司法所在接收宣告时,应当视情况通知其家庭成员、监护人、保证人、有关部门、基层组织、所在单位等到场,明确宣告被禁止的事项和期限以及违反禁止令的法律后果,提高社区服刑人员遵守禁止令的自觉性,增强相关人员落实监督措施的主动性。禁止令执行完毕,司法所要组织公开宣告,并由县级司法行政机关通知同级人民检察院。

要切实加强监督管理,确保执行效果。司法所要根据禁止令的具体内容,结合社区服刑人员的情况特点,制定切实可行的执行方案,明确具体的监督管理措施,落实监督管理责任人,并根据执行情况和效果及时调整执行方案。对于被禁止出入特定区域、场所的,要加强调查走访,及时了解社区服刑人员的活动情况;有条件的地区,可以采用信息化科技手段,及时掌握社区服刑人员的活动。对于被禁止从事特定活动的,司法行政机关要主动加强与有关行业管理部门的沟通联系,定期了解有关情况,确保社区服刑人员不能从事被禁止的活动。对于被禁止接触特定人的,除了对社区服刑人员本人进行告知教育,责令其自觉避免接触有关人员外,还应对相关人员进行告知,并及时走访了解有关情况。

要从严掌握禁止令执行中有关事项的审批。禁止令执行期间,社区服刑人员申请外出离开所居住市、县的,要严格控制,防止脱管失控。经批准外出的,司法所要对其进行有针对性的教育,防止发生违反禁止令的行为。社区服刑人员确需进入人民法院禁止令确定、需经批准才能进入的特定区域、场所的,应当经县级司法行政机关批准。

要依法及时处罚违反禁止令的行为。司法行政机关接到报告、举报或者发现社区服刑人员违反禁止令的,应当组织二名以上执法人员,及时进行调查核实,并形成相关证据材料。判处管制的社区服刑人员违反禁止令,或者被宣告缓刑的社区服刑人员违反禁止令尚不属情节严重的,经查证,违法事实清楚,证据确实充分的,由执行地县级司法行政机关给予警告,并提请同级公安机关给予治安管理处罚。被宣告缓刑的社区服刑人员违反禁止令,情节严重的,执行地司法行政机关要及时向原判人民法院提请撤销缓刑、执行原判刑罚,并附相关证据材料。

三、加强对禁止令执行工作的组织领导

各省(自治区、直辖市)司法厅(局)党委(组)要高度重视,专题研究,周密部署,细化措施,明确责任,履行好指导管理职责,抓好禁止令执行工作。各级司法行政机关要加强社区矫正机构队伍建设,配齐配强人员,适应禁止令执行工作的新要求,要大力宣传确立禁止令制度的重大意义及其具体内容,为进一步完善刑罚执行制度,推进社区矫正工作全面开展营造良好的舆论环境。要认真研究分析执行过程中遇到的问题,及时总结、推广好经验、好做法,不断增强执行效果。要采用专家讲座、集中学习、案例研讨等形式,抓好执行禁止令的业务培训,提高执法人员素质。要加强与公、检、法等机关的协调配合。对禁止令的具体内容把握不准的,要及时与人民法院沟通。要定期向人民法院反馈禁止令执行情况,对执行中遇到的具体问题,共同研究解决。要加强对禁止令执行工作的调查研究和指导检查,总结实践经验,把握工作规律,不断完善禁止令执行工作的有效机制和办法,促进禁止令执行工作的规范化、制度化。

各地执行情况及时报部。

司法部关于印发《监狱计分考核罪犯工作规定》的通知(节选)

(2021年8月24日 司规〔2021〕3号)

各省、自治区、直辖市司法厅(局),新疆生产建设兵团监狱管理局:

《监狱计分考核罪犯工作规定》已经中央政法委审批同意。现印发你们,请认真贯彻执行。

贯彻执行中的重要情况,请及时报司法部监狱管理局。

监狱计分考核罪犯工作规定

第三十一条 罪犯暂予监外执行期间暂停计分考核,自收监之日起继续考核,原有的考核积分和奖励有效。因违反暂予监外执行监督管理规定被收监执行的,取消已有的考核积分和奖励,自收监之日起重新考核;考核积分为负分的,保留负分,自收监之日起继续考核。

第三十二条 罪犯在假释期间因违反监督管理规定被收监的,取消已有的考核积分和奖励,自收监之日起重新考核。

第三十三条 罪犯因涉嫌犯罪被立案侦查的,侦查期间暂停计分考核。经查证有违法犯罪行为的,侦查期间的考核基础分记0分;经查证无犯罪行为的,按照罪犯立案前3个月考核平均分并结合侦查期间的表现计算其侦查期间的考核分;立案前考核不满3个月的按照日平均分计算。

罪犯因涉嫌违规违纪被隔离调查的,参照执行。

第三十四条 罪犯因办案机关办理案件需要被解回侦查、起诉或者审判,经人民法院审理认定构成犯罪的,取消已有的考核积分和奖励,自收监之日起重新考核;考核积分为负分的,保留负分。但罪犯主动交代漏罪、人民检察院因人民法院量刑不当提出抗诉或者因入监前未结案件被解回的,保留已有的考核积分和奖励,自收监之日起继续考核。

办案机关或者人民法院认定不构成犯罪、经再审改判为较轻刑罚或者因作证等原因被办案机关解回的,保留已有的考核积分和奖励,并按照解回前3个月考核平均分计算其解回期间的考核分;解回前考核不满3个月的按照日平均分计算。

司法部关于印发《司法行政系统落实"谁执法谁普法"普法责任制实施意见》的通知

(2017年9月8日 司发〔2017〕10号)

各省、自治区、直辖市司法厅(局),新疆生产建设兵团司法局、监狱管理局:

为认真贯彻落实中共中央办公厅、国务院办公厅印发的《关于实行国家机关"谁执法谁普法"普法责任制的意见》,司法部制定了《司法行政系统落实"谁执法谁普法"普法责任制实施意见》。现印发你们,请结合实际,认真组织实施。

实行国家机关"谁执法谁普法"的普法责任制,是以习近平同志为核心的党中央对深化全民普法工作作出的重要部署。认真贯彻落实"谁执法谁普法"责任制,对于构建大普法格局,促进执法与普法有机融合,增强法治宣传教育实效,提高国家工作人员法律素质、提高执法司法公信力具有重要意义。司法行政机关既是重要的执法机关,又是普法主管机关,要在落实"谁执法谁普法"责任制上发挥带头作用,同时坚持"谁服务谁普法",把普法融入司法行政业务工作的各环节、全过程,切实把执法和法律服务过程变成普法过程,规范执法和法律服务活动,增强执法和法律服务的政治效果、法律效果和社会效果。

各级司法行政机关要高度重视,结合实际,及时安排部署,制定贯彻落实方案,细化任务措施,加强人员和经费保障,加强检查考核,大力宣传先进典型,推动司法行政系统"谁执法谁普法""谁服务谁普法"普法责任制落到实处。

各省(区、市)司法厅(局)要将贯彻落实情况,及时报司法部。

司法行政系统落实"谁执法谁普法"普法责任制实施意见

为贯彻落实《中共中央办公厅 国务院办公厅印发〈关于实行国家机关"谁执法谁普法"普法责任制的意见〉的通知》（中办发〔2017〕31号），推动司法行政系统在法律法规规章起草制定、执法和法律服务过程中全面履行普法责任，结合司法行政工作实际，提出以下实施意见。

一、司法行政系统要带头落实"谁执法谁普法"普法责任制，同时推动落实"谁服务谁普法"。坚持系统内普法与社会普法相结合，在全系统深入开展法治宣传教育和党内法规教育，增强司法行政干警和法律服务工作者法治观念，提高法治素养和依法办事能力，并积极履行社会普法责任，在执法、管理和服务过程中向相对人和社会公众开展普法；坚持全员普法，让每一名执法者和法律服务工作者都成为普法者；坚持全程普法，把普法融入司法行政业务工作的各环节、全过程，做到谁执法谁普法、谁服务谁普法。

二、认真贯彻《中共中央办公厅 国务院办公厅关于印发〈党政主要负责人履行推进法治建设第一责任人职责规定〉的通知》（中办发〔2016〕71号），司法行政机关各级领导干部要带头尊法学法守法用法。健全司法行政系统党委（党组）中心组学法制度，每年集体学法不少于2次。结合行政应诉工作，组织领导干部旁听庭审。

三、加强司法行政干警和法律服务工作者的法治宣传教育，把法治宣传教育作为司法行政干警和法律服务工作者入职培训、晋职（级）培训、业务培训的必训内容，全面提升司法行政干警法治素养。严格实行行政执法人员持证上岗和资格管理制度，未经执法资格考试合格，不得授予执法资格，不得从事执法活动。

四、起草制定司法行政法律法规规章过程中，除依法不宜公开的以外，草案要向社会公开征求意见，并及时通报情况。建立法律法规规章、重大政策解读机制和公告制度，凡涉及公众切身利益的法律法规、规范性文件和重大政策措施，除依法不宜公开的以外，发布时都要将政策解读作为必经程序。

五、受理行政许可申请时，以告知、提示等形式，主动向申请人提供关于申请条件、审批标准、办理程序、办理期限等方面的说明资料，告知申请人相关权利义务。在行政许可证照或文件发放领取过程中,对申请人进行相关政策法规的宣传教育,并告知有关法定义务、责任等注意事项。

六、办理行政处罚案件时,推行全程说理式执法,把普法融入案件受理、调查取证、案件审理、告知听证、处罚决定和处罚执行全过程,说透法理、说明事理、说通情理,提高行政处罚的说服力和公信力。推广说理式执法文书,行政处罚决定要充分释法析理,并告知法律依据和救济途径。推行生效法律文书公开上网和统一查询。

七、在答复和处理群众来信来访、投诉、行政复议等过程中,结合群众反映的问题,阐明相关法律规定。对重大复杂的行政复议案件可以依法采取听证的方式审理,面对面听取申请人的陈述和意见,可邀请相关代表旁听,将处理问题与宣讲法律规定、分析案件事实有机结合。

八、落实行政诉讼案件行政负责人依法出庭应诉制度。司法行政系统涉及群众重大利益、社会影响大的行政诉讼案件,主要负责人要出庭应诉。主要负责人不能出庭的,要委托分管负责人和工作人员出庭,不能只委托律师出庭应诉。

九、树立治本安全观,把法治宣传教育融入监狱服刑人员教育改造全过程,融入监狱管理的各环节。严格依法对罪犯计分考评、分级处遇、行政奖惩、立功和重大立功表现、提请减刑、假释和办理暂予监外执行等信息进行公示,接受被监管人监督的同时,主动接受社会监督。充分利用服刑人员家属会见、开展社会警示教育等时机,加强对服刑人员亲属、社会公众的法治宣传。

十、加强对强制隔离戒毒人员的法治宣传教育,将释法说理贯穿到收治、管理、教育、戒毒治疗、诊断评估等戒毒执法各环节,依法公开执法依据、执法程序和执法结果,在提前解除或延长强制隔离戒毒期限、所外就医、变更戒毒措施、奖惩等重要执法活动中,向强制隔离戒毒人员及其亲属讲清执法依据、办理条件、程序、结果,自觉接受监督。把法治宣传教育纳入入所教育和回归社会教育重要内容,在强制隔离戒毒人员出所后续照管和支持指导社区戒毒(康复)工作中,结合就业、生活等问题实时提供法律咨询和帮助。

十一、把普法融入社区矫正接收、监管审批、考核奖惩、执行、解除矫正等执法活动。在登记接收手续、矫正宣告、入矫教育中,加强对决定实行社区矫正相关法律文书的解释说明,向社区矫正人员及其家属宣传社区矫正有关法律规定、权利义务及法律责任。在集中教育学习、社区服务、个别教育和心理辅导中增加法治宣传教育内容。社区矫正机构在开展相关社会调查评估时,宣传社区矫正工作相关法律法规,争取群众的配合与协助。

十二、律师在承办业务过程中,要帮助当事人辨析所提诉求可能出现的法律后果,引导其依法表达利益诉求。律师在依法履行辩护代理职责时,就诉讼中所涉及的法律问题、证据问题以及程序问题,向当事人进行释法。案件代理结束后,针对案件的法律文书、相关处理决定向当事人进行分析论证,促进当事人正确理解司法机关的裁决。把普法列入律师担任法律顾问工作基本职责,在开展"一村(社区)一法律顾问"、律师参与信访等部门值班、参与公共法律服务过程中,深入开展法治宣传教育。律师管理部门和律师事务所要选择与公众生产生活密切相关、社会关注度高、可以公开发布的典型案件,通过各种渠道定期向公众发布,发挥典型案例的指引作用。鼓励和支持律师积极参与媒体公益普法,在报刊开设以案释法专栏,参与广播电视和新媒体以案说法类节目。

十三、公证机构、公证员在受理公证申请时,要根据不同公证事项,明确告知当事人申请公证事项的法律意义、法律后果,办理公证过程中享有的权利、承担的义务,以及办证中涉及的法律文书、争议解决及维护权利等问题,把普法融入公证服务各环节。公证员在证据保全等现场公证活动中,要向社会公众解析法律、阐明法理。在办证结束后跟进追踪公证书使用情况,选择典型案例向当事人和社会释法析理。

十四、广泛开展法律援助咨询服务和公共法律教育,依法解答法律问题,积极提供法律信息和帮助,引导群众依法表达合理诉求。受理法律援助申请,要告知当事人法律援助条件、程序、范围;办理法律援助案件要向当事人释明法律依据,宣传法律知识;回访当事人要解疑释惑,增强法律效果,把普法贯彻于法律援助服务全过程。

十五、司法鉴定机构在接受委托时,要向委托人或鉴定申请人、被鉴定人讲解司法鉴定意见作为一种证据在诉讼活动中的地位与作用,引导当事人对鉴定意见及其证明力形成合理预期。司法鉴定委托书、意见书、告知书等法律文书,要对司法鉴定意见的性质、作用和法律效力、异议处理办法等问题作出解释说明。司法鉴定人要按照人民法院通知依法出庭作证,说明鉴定经过,阐述鉴定意见,并接受当事人质询和法官询问,加强对鉴定意见的法庭质证和审查判断。

十六、人民调解员要结合个案调解,宣传相关法律法规规章和国家政策。调解组织受理调解时,要以口头或者书面形式向当事人告知人民调解的原则、当事人在调解活动中享有的权利和承担的义务、调解达成协议的效力、申请司法确认的期限、就调解协议履行发生争执的解决方式等事项。有条件的地方,书面调解协议书中可附录案件相关法律法规依据等内容。

十七、司法行政机关选任人民监督员过程中,要宣传人民监督员制度的意义,提高社会公众对推进司法民主、深化司法公开的认识和参与度。加强对人民监督员的法治培训,提高人民监督员监督履职能力。人民监督员对群众向其反映的监督案件线索和情况,要及时回应,依法要求启动监督程序或者做好解释和说服工作。人民监督员参与检察机关案件公开审查、公开听证、公开答复以及涉法涉诉信访等活动,要协助检察机关以案释法,向当事人和社会公众宣传相关法律法规。

十八、在组织国家统一法律职业资格考试过程中,要广泛开展法治宣传,引导考生诚信参考,依法严厉查处考试违法违纪行为。

十九、在司法协助和国际交流与合作活动中,要积极开展对外法治宣传,传播中国法治好声音,讲好中国法治故事,树立我国良好法治形象。

二十、针对涉及司法行政的热点法治事件和社会关注问题,组织执法人员、专家学者、法律服务工作者等进行及时权威的法治解读,正确引导法治舆论。

二十一、加强司法行政各项业务典型案例的收集、整理、研究和发布工作,建立司法行政(法律服务)案例库,充分发挥典型案例的引导、规范、预防与教育功能。

二十二、充分利用公共法律服务平台开展法治宣传教育,培育公众法治信仰,引导公众依法理性表达利益诉求、解决矛盾纠纷。司法行政官方网站、普法网站和微博、微信、客户端等新媒体平台,结合司法行政执法实践有针对性地宣传解读相关法律法规。

二十三、加强司法行政机关、监所、法律服务场所和窗口的法治文化建设,传播社会主义法治精神。利用国家宪法日、重要法律颁布实施纪念日和法治宣传月、周、日等时间节点,通过举办开放日等活动,面向社会积极开展法治宣传教育。

二十四、鼓励支持律师、公证员、基层法律服务工作者、人民调解员、司法鉴定人加入普法讲师团、普法志愿者队伍。

二十五、加强对执法业务部门和法律服务机构普法责任制落实情况的检查考核。对责任落实到位、普法工作成效显著的,按照有关规定予以表彰奖励。对责任不落实、目标未完成的予以通报。

二十六、把尊法学法守法用法情况作为司法行政系统公务员年度考核重要内容。领导班子及其成员在年度考核述职中要围绕法治学习情况、重大事项依法决策情况、依法履职情况等进行述法。把能不能遵守法律、依法办事作为司法行政系统考察干部的重要内容,在相同条件下,优先提拔使用法治素养好、依法办事能力强的干部。

二十七、司法行政系统各级普法工作领导小组办公室要发挥组织、协调、督促、检查作用,加强服务管理和工作指导,宣传先进典型,推动司法行政系统"谁执法谁普法"、"谁服务谁普法"普法责任制落到实处。

最高人民法院　最高人民检察院　公安部司法部关于印发《关于监狱办理刑事案件有关问题的规定》的通知

(2014年8月11日　司发通〔2014〕80号)

各省、自治区、直辖市高级人民法院、人民检察院、公安厅(局)、司法厅(局)，新疆维吾尔自治区高级人民法院生产建设兵团分院、新疆生产建设兵团人民检察院、公安局、司法局、监狱管理局：

　　为依法惩治罪犯在服刑期间的犯罪活动，最高人民法院、最高人民检察院、公安部、司法部联合制定了《关于监狱办理刑事案件有关问题的规定》，现印发给你们，请遵照执行。

关于监狱办理刑事案件有关问题的规定

　　为依法惩治罪犯在服刑期间的犯罪活动，确保监狱持续安全稳定，根据有关法律规定，结合工作实际，现就监狱办理刑事案件有关问题规定如下：

　　一、对监狱在押罪犯与监狱工作人员(监狱警察、工人)或者狱外人员共同犯罪案件，涉案的在押罪犯由监狱立案侦查，涉案的监狱工作人员或者狱外人员由人民检察院或者公安机关立案侦查，在侦查过程中，双方应当相互协作。侦查终结后，需要追究刑事责任的，由侦查机关分别向当地人民检察院移送审查起诉。如果案件适宜合并起诉的，有关人民检察院可以并案向人民法院提起公诉。

　　二、罪犯在监狱内犯罪，办理案件期间该罪犯原判刑期即将届满需要逮捕的，在侦查阶段由监狱在刑期届满前提请人民检察院审查批准逮捕，在审查起诉阶段由人民检察院决定逮捕,在审判阶段由人民法院决定逮捕;批准或者决定逮捕后,监狱将被逮捕人送监狱所在地看守所羁押。

三、罪犯在监狱内犯罪,假释期间被发现的,由审判新罪的人民法院撤销假释,并书面通知原裁定假释的人民法院和社区矫正机构。撤销假释的决定作出前,根据案件情况需要逮捕的,由人民检察院或者人民法院批准或者决定逮捕,公安机关执行逮捕,并将被逮捕人送监狱所在地看守所羁押,同时通知社区矫正机构。

刑满释放后被发现,需要逮捕的,由监狱提请人民检察院审查批准逮捕,公安机关执行逮捕后,将被逮捕人送监狱所在地看守所羁押。

四、在押罪犯脱逃后未实施其他犯罪的,由监狱立案侦查,公安机关抓获后通知原监狱押回,监狱所在地人民检察院审查起诉。罪犯脱逃期间又实施其他犯罪,在捕回监狱前发现的,由新罪犯罪地公安机关侦查新罪,并通知监狱;监狱对脱逃罪侦查终结后移送管辖新罪的公安机关,由公安机关一并移送当地人民检察院审查起诉,人民法院判决后,送当地监狱服刑,罪犯服刑的原监狱应当配合。

五、监狱办理罪犯在监狱内犯罪案件,需要相关刑事技术支持的,由监狱所在地公安机关提供协助。需要在监狱外采取侦查措施的,应当通报当地公安机关,当地公安机关应当协助实施。

司法部社区矫正管理局关于印发和使用《社区矫正法执法文书格式(试行)》的通知

(2020年6月28日)

各省(区、市)司法厅(局)社区矫正管理局、新疆生产建设兵团司法局社区矫正管理局：

《中华人民共和国社区矫正法》和"两高两部"《中华人民共和国社区矫正法实施办法》将于今年7月1日起施行。为保证法律正确实施,规范社区矫正执法文书格式,部局在充分吸收各省(区、市)司法厅(局)社区矫正管理局和新疆生产建设兵团司法局社区矫正管理局意见的基础上,对原有的社区矫正执法文书格式进行了修订,制定了《社区矫正法执法文书格式(试行)》,经与部办公厅协调,并报部领导批准,现予印发执行,就有关事项通知如下：

一、注重提高社区矫正执法文书规范化水平

社区矫正执法文书是社区矫正机构执法活动的重要载体。本次下发的《社区矫正法执法文书格式(试行)》共20种文书,立足社区矫正机构执法工作需要,紧密结合执法工作环节,力求种类精炼,内容简洁,便于基层掌握。考虑到各地信息化水平和地域差异,各省(区、市)司法厅(局)社区矫正管理局和新疆生产建设兵团司法局社区矫正管理局可结合实际,在《社区矫正法执法文书格式(试行)》基础上,进一步健全完善相关执法文书格式,以满足社区矫正执法工作需要。

二、正确掌握《社区矫正法执法文书格式(试行)》制作使用要求

《社区矫正法执法文书格式(试行)》文字格式样本和电子文档格式同时下发。原来制定的执法文书与本次下发文书格式不一致的,要及时清理,按《社区矫正法执法文书格式(试行)》执行。在具体工作中,应以电子文档格式制作文书为主,尽量减少成批印刷,节约成本。文书填写制作要做到内容表述简明精炼,引用法律准确规范,语言文字严谨清楚。文书印刷格式和纸张使用,应按照《国家行政机关公文格式》(GB/T 9704—2019)的要求执行,

用纸采用国际标准 A4 型。文件标题字体一般用 2 号小标宋,正文字体一般用 3 号仿宋。栏目较多的表格式文书,填写时可用小四号仿宋。

三、加强对《社区矫正法执法文书格式(试行)》使用的指导

要组织好对《社区矫正法执法文书格式(试行)》的学习培训,认真掌握文书制作和使用要求,确保社区矫正机构工作人员准确使用、规范填写。要注重将执法文书与信息化建设相结合,提高工作效率。要重视社区矫正档案管理,文书制作和使用完毕后,应及时分类装订,按要求归入档案。

使用中遇到的问题,请及时报部局。

附件:社区矫正法执法文书格式目录及样本

附件

社区矫正法执法文书格式目录及样本

1. 调查评估意见书
2. 社区矫正法律文书补齐通知书
3. 社区矫正对象基本信息表
4. 社区矫正宣告书
5. 社区矫正对象(进入特定区域场所、会客、外出、经常性跨市县活动、执行地变更、暂予监外执行事项)审批表
6. 社区矫正对象执行地变更决定书
7. 社区矫正事项审批告知书
8. 社区矫正表扬(训诫、警告、使用电子定位装置)审批表
9. 社区矫正表扬(训诫、警告、使用电子定位装置)决定书
10. 对社区矫正对象使用电子定位装置告知书
11. 协助查找社区矫正对象通知书
12. 提请治安管理处罚(撤销缓刑、撤销假释、收监执行、减刑、逮捕)审核表
13. 治安管理处罚(撤销缓刑、撤销假释、收监执行)建议书
14. 社区矫正对象逮捕建议书

15. 社区矫正对象减刑建议书
16. 社区矫正期满鉴定表
17. 解除社区矫正宣告书
18. 解除社区矫正证明书
19. 解除(终止)社区矫正通知书
20. 社区矫正法律文书送达回执

文书1

调查评估意见书

（　　）字第　　号

_____人民法院(公安局、监狱管理局)：

受你单位委托，我单位于____年__月__日至____年__月__日对被告人(罪犯)_____进行了调查评估。有关情况如下：_____
_____
_____
_____
_____

综合以上情况，评估意见为_____
_____。

（公章）

年　月　日

注：抄送_____人民检察院。

说明：

1. 本文书根据《中华人民共和国社区矫正法》第十八条以及"两高两部"《中华人民共和国社区矫正法实施办法》第十四条的规定制作。

2. 除人民法院、公安机关和监狱管理机关，其他委托的机关，如监狱等依法委托社区矫正机构进行调查评估的，可在"_____"委托机关处进行修改。

3. "有关情况"中需要写明被告人或者罪犯的基本情况、居所情况、家庭情况及社会关系、犯罪前的一贯表现、接收地村(居)民委员会和居住同一社区的被害人意见等情况。

4. "评估意见为_____"可以填写被告人或者罪犯适用社区矫正是否存在社会危险性以及对所居住社区的影响。

5. 文书字号由年度、社区矫正机构代字、类型代字、文书编号组成，使用阿拉伯数字,例"(2020)××矫调评字第1号"。一式三份,一份存档,一份与相关材料一起提交委托机关,同时抄送执行地县级人民检察院一份。

6.对调查评估意见以及调查中涉及的国家秘密、商业秘密、个人隐私等信息,应当保密。

文书 2

社区矫正法律文书补齐通知书

(存根)

（　　）字第　　号

　　社区矫正对象_____，身份证号码_____，_____年____月____日经_____人民法院(公安局、监狱管理局)判处(宣告、裁定、决定)管制(缓刑、假释、暂予监外执行)。该社区矫正对象已于_____年____月____日到_____社区矫正机构报到。经查,未收到相关社区矫正法律文书(相关法律文书不齐全),根据《中华人民共和国社区矫正法》第二十条之规定,请于5日内补齐_____等相关法律文书。

　　发往机关_____人民法院(公安局、监狱管理局)

　　　　　　　　填发人
　　　　　　　　批准人
　　　　　　　　填发日期　　　年　　月　　日

社区矫正法律文书补齐通知书

（　　）字第　　号

_____人民法院(公安局、监狱管理局):
　　你单位_____年____月____日判处(宣告、裁定、决定)管制(缓刑、假释、暂予监外执行)的社区矫正对象_____，身份证号码_____，已于_____年____月____日到_____报到。经查,未收到相关社区矫正法律文书(相关法律文书不齐全),根据《中华人民共和国社区矫正法》第二十条之规定,请于5日内补齐_____等相关法律文书。

137

联系人：　　　　　联系电话：

(公章)
年　月　日

说明：

1. 本文书根据《中华人民共和国社区矫正法》第二十条、第二十一条、第二十二条以及"两高两部"《中华人民共和国社区矫正法实施办法》第十六条的规定制作，用于在社区矫正对象报到时，社区矫正机构未收到法律文书或者法律文书不齐全，需要通知社区矫正决定机关在五日内送达或者补齐法律文书。

2. 文书字号由年度、社区矫正机构代字、类型代字、文书编号组成，使用阿拉伯数字，例"（2020）××矫补通字第1号"。存根和通知书应加盖骑缝章，存根存档，通知书送社区矫正决定机关。

3. "_____报到"应填写对社区矫正对象办理接收登记的社区矫正机构。

文书 3

社区矫正对象基本信息表

单位：县(市、区、旗)社区矫正机构(公章)　　编号：　　填表日期：

姓名		曾用名		身份证号码		一寸免冠照片	
性别		民族		出生年月日			
文化程度		健康状况		原政治面貌		婚姻状况	
户籍地							
居住地							
执行地							
现工作单位（学校）						联系电话	
个人联系电话							
罪名		刑种				原判刑期	
社区矫正决定机关				原羁押场所			
禁止令内容				禁止期限起止日			
附加刑判项内容							
矫正类别		矫正期限				起止日	
法律文书收到时间及种类						接收方式及报到时间	

139

续表

在规定时间内报到		超出规定时限报到		未报到且下落不明		
主要犯罪事实						
本次犯罪前的违法犯罪记录						
个人简历	起止时间		所在单位		职务	
家庭成员及主要社会关系	姓名	关系	工作单位或家庭地址		联系电话	
备注						

注：办理接收手续（执行地变更）后，此表抄报执行地公安（分）局。

说明：

1. 本文书根据《中华人民共和国社区矫正法》第二十二条以及"两高两部"《中华人民共和国社区矫正法实施办法》第十七条的规定制作。

2. "户籍地"以居民身份证、户籍证明为准，"居住地"应填写社区矫正对象具体住所，"执行地"应填写执行社区矫正的区、县。

3. 该文书由执行地县级社区矫正机构在社区矫正对象报到时填写，一式两份，执行地县级社区矫正机构存档，抄送执行地县级公安机关一份。委托司法所进行管理的，可复印一份送司法所。

4. 社区矫正对象执行地变更的，新执行地县社区矫正机构应重新填写此表，并与执行地变更的其他法律文书一并抄送新执行地县级公安机关。

文书4

社区矫正宣告书

社区矫正对象_____：

　　你因犯_____罪经_____人民法院于_____年____月____日判处_____(同时宣告禁止_____)。_____年____月____日经_____人民法院(监狱管理局、公安局)裁定假释(决定、批准暂予监外执行)。在管制(缓刑、假释、暂予监外执行)期间，依法实行社区矫正。社区矫正期限自_____年____月____日起_____年____月____日止。现就对你依法实施社区矫正的有关事项宣告如下：

　　一、在社区矫正期间应当遵守法律、行政法规，履行法律文书确定的义务，遵守关于报告、会客、外出、迁居、保外就医等监督管理规定，服从社区矫正机构的管理；按照规定参加社区矫正机构(受委托的司法所)组织的教育活动，参加公益活动。

　　二、如违反社区矫正监督管理规定，将视情节依法给予训诫、警告、提请公安机关予以治安管理处罚，或者依法提请撤销缓刑、撤销假释、收监执行。

　　三、依法享有的人身权利、财产权利和其他权利不受侵犯，在就业、就学和享受社会保障等方面不受歧视。

　　四、社区矫正机构(受委托的司法所)为你确立了社区矫正小组，小组成员由_____组成，协助对你进行监督管理、教育帮扶，你应积极配合。

　　特此宣告。

　　　　　　　　　　　　　　　(公章)　　　年　　月　　日
　　　　　　　　　　　　　　　社区矫正对象(签名)：

说明：

　　1.本文书根据《中华人民共和国社区矫正法》第二十二条以及"两高两部"《中华人民共和国社区矫正法实施办法》第二十条的规定制作。

　　2.执行地县级社区矫正机构接收社区矫正对象后应当组织或者委托司法所组织入矫宣告。文书加盖公章，社区矫正对象签名后存档。

文书5

社区矫正对象(进入特定区域场所、会客、外出、经常性跨市县活动、执行地变更、暂予监外执行事项)审批表

姓名		性别		身份证号码	
户籍地				执行地	
罪名			原判刑罚		附加刑	
禁止令内容			禁止期限起止日	自 年 月 日 至 年 月 日		
矫正类别		矫正期限		起止日	自 年 月 日 至 年 月 日
事由及依据					
呈报单位意见	（公章） 年　月　日				
县级社区矫正机构意见	（公章） 年　月　日				
地市社区矫正机构意见	（公章） 年　月　日				
省级社区矫正机构意见	（公章） 年　月　日				
备注					

注：抄送_____人民法院、_____人民检察院。

说明：

1. 本文书根据《中华人民共和国社区矫正法》第二十三条以及"两高两部"《中华人民共和国社区矫正法实施办法》第二十四条、第二十五条、第二十六条、第二十七条、第二十九条、第三十九条的规定制作。用于社区矫正对象进入特定区域场所、会客、外出或者经常性跨市县活动、执行地变更、暂予监外执行有关事项的审批，相关意见栏如不使用，可以删除。

2. 呈报单位包括受委托的司法所以及社区矫正中队等。如呈报单位也是审批机关时，可将此意见栏改为受委托的司法所意见等，其余意见栏可删除。

3. 根据《社区矫正法实施办法》第二十四条，社区矫正机构调整社区矫正对象报告身体情况和提交复查情况的期限时，审批表名称为"社区矫正对象保外就医延期报告审批表"，文书一式两份，除一份存档外，应当及时抄送执行地县级人民检察院一份。根据《社区矫正法实施办法》第二十四条，社区矫正机构协调对暂予监外执行的社区矫正对象进行病情诊断、妊娠检查或者生活不能自理的鉴别时，审批表名称分别为"社区矫正对象病情诊断（妊娠检查、生活不能自理鉴别）审批表"，文书一式一份，审批后存档。

4. 用于外出审批时，一式两份，除一份存档外，对于外出超过三十日或者两个月内外出时间累计超过三十日，上一级社区矫正机构批准外出的，执行地县级社区矫正机构应当及时将审批表抄送同级人民检察院。

5. 用于进入特定区域场所审批时，一式三份，除一份存档外，应当抄送原审人民法院和执行地县级人民检察院各一份。

文书 6

社区矫正对象执行地变更决定书

（　　）　字第　　号

社区矫正对象_____，男（女），_____年____月____日出生，____族，身份证号码_____，户籍地_____，现执行地_____，因犯_____罪经_____人民法院于_____年____月____日判处_____。_____年____月____日经_____人民法院（监狱管理局、公安局）裁定假释（决定、批准暂予监外执行）。社区矫正期限自_____年____月____日起至_____年____月____日止。

_____年____月____日收到社区矫正对象_____执行地变更申请，申请由_____市（县）变更执行地到_____市（县），申请变更理由_____。

依据《中华人民共和国社区矫正法》第二十七条之规定，决定同意（不予同意）变更到_____市（县）执行。

（公章）

年　月　日

注：决定书送达社区矫正对象和新执行地县级社区矫正机构，同时抄送_____人民法院（公安局、监狱管理局）、_____人民检察院、_____公安（分）局。

说明：

1. 本文书根据《中华人民共和国社区矫正法》第二十七条以及"两高两部"《中华人民共和国社区矫正法实施办法》第三十条、第三十一条的规定制作。

2. 文书字号由年度、社区矫正机构代字、类型代字、文书编号组成，使用阿拉伯数字，例"（2020）××矫执更字第1号"。文书一式六份：存档一份，一份送社区矫正对象，一份连同审批表、矫正档案、送达回执移交新执行地县级社区矫正机构，另抄送社区矫正决定机关、原执行地县级人民检察院、公安机关各一份。

3. 新执行地县级社区矫正机构收到决定书后和档案材料后，在五日内送达回执（在受送达人签收处加盖公章），同时将决定书复印送所在地县级人民检察院、公安机关。

文书 7

社区矫正事项审批告知书

（　　）　字第　　号

社区矫正对象＿＿＿＿＿＿＿：

你于＿＿＿＿年＿＿月＿＿日，因＿＿＿＿＿＿（事由）提出的＿＿＿＿＿＿＿＿申请，符合/不符合有关法律、法规和社区矫正监督管理规定情形，决定予以批准/不予批准＿＿＿＿＿＿＿。

你在进行＿＿＿＿＿＿＿＿活动时，应注意遵守以下要求：＿＿＿＿＿＿＿＿
＿＿＿＿＿＿＿＿＿＿＿＿＿＿＿＿＿＿＿＿＿＿＿＿＿＿＿＿＿＿＿＿＿＿＿＿
＿＿＿＿＿＿＿＿＿＿＿＿＿＿＿＿＿＿＿＿＿＿＿＿＿＿＿＿＿＿＿＿＿＿＿＿

特此告知。

＿＿＿＿＿＿＿（公章）
年　　月　　日

以上内容我已知晓。

社区矫正对象（签名）：
年　　月　　日

说明：

1. 根据《中华人民共和国社区矫正法》第二十三条以及"两高两部"《中华人民共和国社区矫正法实施办法》第二十四条、第二十五条、第二十六条、第二十七条、第二十八条、第二十九条、第三十条、第三十九条等规定制作。用于社区矫正对象申请事项是否批准的告知，例如进入特定区域场所、会客、外出、执行地变更以及经常性跨市、县活动、暂予监外执行事项等申请，应当书面告知审批结果，同时告知社区矫正对象进行审批事项活动时应遵守的相关要求，如批准请假外出的列明时限和目的地；同意变更执行地的，告知其到新执行地县级社区矫正机构报到的时间期限以及逾期报到或者未报到的后果等。

2. 文书字号由年度、社区矫正机构代字、类型代字、文书编号组成，使用阿拉伯数字，例"（2020）××矫审告字第 1 号"。该告知书一式两份，加盖公章，社区矫正对象签名后存档一份，送社区矫正对象一份。

文书 8

社区矫正表扬(训诫、警告、使用电子定位装置)审批表

姓名		性别		身份证号码				
户籍地				执行地				
罪名		原判刑罚			附加刑			
禁止令内容				禁止期限起止日	自 至	年 年	月 月	日 日
矫正类别		矫正期限		起止日	自 至	年 年	月 月	日 日
事实及依据								
呈报单位意见						(公章) 年　月　日		
县级社区矫正机构意见						(公章) 年　月　日		
县级司法行政部门负责人意见						(公章) 年　月　日		
备注								

说明:

1.根据《中华人民共和国社区矫正法》第二十八条、第二十九条以及"两高两部"《中华人民共和国社区矫正法实施办法》第三十三条、第三十四条、第三十五条的规定制作。用于给予社区矫正对象表扬、训诫、警告以及对其使用电子定位装置的审批,审批后存档。

2.呈报单位包括受委托的司法所以及社区矫正中队等。

3.除使用电子定位装置审批外,其他审批表在制作时可删除"县级司法行政部门负责人意见"一栏。

4.用于撤销缓刑、撤销假释、收监执行时,应连同有关建议书、训诫决定书、警告决定书等材料组卷一并报有关人民法院、公安机关、监狱管理机关。

文书9

社区矫正表扬(训诫、警告、使用电子定位装置)决定书

（　　）　字第　　号

社区矫正对象＿＿＿＿，男(女)，＿＿＿年＿＿月＿＿日出生，＿＿族,身份证号码＿＿＿＿＿＿，在接受社区矫正期间，因＿＿＿＿＿＿＿＿＿＿＿＿

＿＿＿＿＿＿＿＿＿＿＿＿＿＿＿＿＿＿＿＿＿＿＿＿＿＿＿＿＿＿＿＿＿＿＿＿＿＿

＿＿＿＿＿＿，依据《中华人民共和国社区矫正法》第二十八条(第二十九条)之规定，决定给予＿＿＿＿一次(使用电子定位装置，期限为＿＿＿＿)。

（公章）

年　　月　　日

说明：

1.本文书根据《中华人民共和国社区矫正法》第二十八条、第二十九条以及"两高两部"《中华人民共和国社区矫正法实施办法》第三十二条、第三十三条、第三十四条、第三十五条的规定制作，用于决定给予社区矫正对象表扬、训诫、警告以及对其使用电子定位装置。

2.填写时，"在接受社区矫正期间，因"后"＿＿＿＿"应填写社区矫正对象认罪悔罪、遵守法律法规、服从监督管理、接受教育表现突出的事实或者违反监督管理规定的事实。

3.文书字号由年度、社区矫正机构代字、类型代字、文书编号组成，使用阿拉伯数字，例"(2020)××矫扬/训/警/装决字第1号"。该决定书一式三份，存档一份，送达社区矫正对象一份，抄送执行地人民检察院一份。

148

文书 10

对社区矫正对象使用电子定位装置告知书

社区矫正对象_____：

你在接受社区矫正期间,因_____,依据《中华人民共和国社区矫正法》第二十九条第_____项之规定,对你使用电子定位装置,加强监督管理。使用电子定位装置的期限自_____年____月____日起至_____年____月____日止。在使用电子定位装置期间,必须遵守以下规定：

一、不得私自拆卸毁坏电子定位装置；

二、如果电子定位装置无法正常使用,应立即向社区矫正机构(受委托的司法所)报告；

三、未经批准不得擅自离开规定的活动区域。

如果违反上述规定之一的,社区矫正机构将依法予以处置。

(公章)

年　　月　　日

以上内容我已知晓并保证严格遵守。

社区矫正对象(签名)：

年　　月　　日

说明：

1. 本文书根据《中华人民共和国社区矫正法》第二十九条以及"两高两部"《中华人民共和国社区矫正法实施办法》第三十七条的规定制作,用于告知社区矫正对象监管的期限、要求以及违反监管规定后果。

2. 文书一式两份,加盖公章,社区矫正对象签名后存档一份,送社区矫正对象一份。

文书 11

协助查找社区矫正对象通知书

(存根)

( ) 字第 号

社区矫正对象_____,男(女),_____年____月____日出生,____族,身份证号码_____,户籍地_____,执行地_____。因犯_____罪于____年____月____日被_____人民法院以_____号判决书判处_____。依据_____人民法院(公安局、监狱管理机关)_____号判决书(裁定书、决定书),在管制(缓刑、假释、暂予监外执行)期间,依法实行社区矫正。社区矫正期限自_____年____月____日起至_____年____月____日。____年____月____日,社区矫正对象_____失去联系,经查找无果,依据《中华人民共和国社区矫正法》第三十条规定,请予以配合协助查找。

发往机关(人员)_____公安局、_____(其他有关单位和人员)。

        填发人
        批准人
        填发日期 年 月 日

协助查找社区矫正对象通知书

( ) 字第 号

_____:

社区矫正对象_____,男(女),_____年____月____日出生,____族,身份证号码_____,户籍地_____,执行地_____。因犯_____罪于____年____月____日被_____人民法院以_____号判决书判处_____。依据_____人民法院(公安局、监狱管理机关)_____号判决书(裁定书、决定书),在管制(缓刑、假释、暂予监外执行)期间,依法实行社区矫正。社区矫正期限自_____年___月___日起至_____年___月___日。_____年___月___日,社区矫正对象_____失去联系,经查找无果,依据《中华人民共和国社区矫正法》第三十条规定,请予以配合协助。

特此通知。

联系人:　　　　　　　　　　　　　　联系电话:

(公章)
年　月　日

说明:

1. 本文书根据《中华人民共和国社区矫正法》第三十条以及"两高两部"《中华人民共和国社区矫正法实施办法》第三十八条的规定制作。用于社区矫正机构发现社区矫正对象失去联系后,经社区矫正机构查找不到时使用。

2. 文书字号由年度、社区矫正机构代字、类型代字、文书编号组成,使用阿拉伯数字,例"(2020)××矫协查字第1号",存根和通知书应加盖骑缝章,存根存档,通知送公安机关等有关单位和个人,并复印送人民检察院。

文书 12

提请治安管理处罚(撤销缓刑、撤销假释、收监执行、减刑、逮捕)审核表

姓名		性别		身份证号码		
户籍地				执行地		
罪名			原判刑罚		附加刑	
禁止令内容				禁止期限起止日	自 年 月 日 至 年 月 日	
矫正类别		矫正期限		起止日	自 年 月 日 至 年 月 日	
事由及依据						
呈报单位意见				(公章) 年　月　日		
县级社区矫正机构意见				(公章) 年　月　日		
地市社区矫正机构审核意见				(公章) 年　月　日		
省级社区矫正机构审核意见				(公章) 年　月　日		
备注						

注:此表随建议书一并报送人民法院(公安机关、监狱管理机关)。

说明：

1. 本文书根据《中华人民共和国社区矫正法》第二十八条以及"两高两部"《中华人民共和国社区矫正法实施办法》第三十六条、第四十二条、第四十六条、第四十七条、第四十九条的规定制作。

2. 本文书根据提请治安管理处罚、撤销缓刑、撤销假释、收监执行、减刑不同情况填写相应内容，相关审批意见栏如不使用，可以在打印时删除。对提请治安管理处罚、建议撤销县级人民法院宣告的缓刑或者决定暂予监外执行、建议公安机关、监狱管理局收监执行的，只填到"县级社区矫正机构意见"栏。建议撤销假释、提请减刑或者建议撤销由中级人民法院宣告缓刑、决定暂予监外执行的，应当填写"地市社区矫正机构意见"栏。建议依法应由高级人民法院裁定减刑的，应当填写"省级社区矫正机构审核意见"栏。对建议撤缓、撤假同时提出逮捕建议的，应单独填写逮捕审核表。

3. 文书应当随同卷宗报送人民法院、公安机关或者监狱管理局。

文书13

治安管理处罚(撤销缓刑、撤销假释、收监执行)建议书

（　　）　字第　　号

社区矫正对象_____，男(女)，____年____月____日出生，____族，身份证号码_____，户籍地_____，执行地_____。因犯_____罪经_____人民法院于____年____月____日判处_____。____年____月____日经_____人民法院(监狱管理局、公安局)裁定假释(决定、批准暂予监外执行)。在管制(缓刑、假释、暂予监外执行)期间，依法实行社区矫正。社区矫正期限自____年____月____日起至____年____月____日止。

该社区矫正对象有违反法律(行政法规、社区矫正监督管理规定、人民法院禁止令)的行为，具体事实如下：_____
_____
_____。

依据_____之规定，建议对该社区矫正对象给予治安管理处罚(撤销缓刑、撤销假释、收监执行)。

此致

_____人民法院(公安局、监狱管理局)

（公章）

年　　月　　日

注：抄送_____人民法院(公安局、监狱管理局)，_____人民检察院，_____公安(分)局，_____监狱。

说明：

1. 本文书根据《中华人民共和国刑法》第七十七条、第八十六条，《中华人民共和国刑事诉讼法》第二百六十八条，《中华人民共和国社区矫正法》第二十八条，《中华人民共和国治安管理处罚法》第六十条，"两高两部"《中华人民共和国社区矫正法实施办法》第三十六条、第四十六条、第四十七条、第

154

四十九条的规定制作,用于提出治安管理处罚、撤销缓刑、撤销假释和暂予监外执行收监执行的建议时使用。

2.文书字号由年度、社区矫正机构代字、类型代字、文书编号组成,使用阿拉伯数字,例"(2020)××矫治处/撤缓/撤假/收执建字第1号"。"根据_____之规定"需要列明应适用的法律规定。

3.治安管理处罚建议书一式三份,一份连同审批表等其他证明材料组卷,并另附一份向同级公安机关提出,同时抄送同级人民检察院。

4.撤销缓刑、暂予监外执行收监执行建议书一式三份,一份连同审批表、训诫、警告决定书、调查核实笔录等其他证明材料组卷,并另附一份向原社区矫正决定机关或者执行地社区矫正决定机关提出,一份抄送执行地同级人民检察院;撤销假释建议书一式四份,除以上三份外,还应同时抄送公安机关、罪犯原服刑或者接收其档案的监狱一份。公安机关、人民法院、执行地或者原社区矫正决定机关作出处理结果、作出裁定或者决定后,留存另附的一份,将卷宗退回社区矫正机构。

文书 14

社区矫正对象逮捕建议书

（　　）字第　　号

　　社区矫正对象_____，男（女），_____年____月____日出生，____族，身份证号码_____，户籍地_____，执行地_____。因犯_____罪经_____人民法院于_____年____月____日判处_____。_____年____月____日经_____人民法院裁定假释。在缓刑（假释）期间，依法实行社区矫正。社区矫正期限自_____年____月____日起至_____年____月____日止。

　　在社区矫正期间，该社区矫正对象有违反法律（行政法规、社区矫正监督管理规定、人民法院禁止令）的行为，被提请撤销缓刑（假释），并具有应予逮捕的情形，具体事实如下：_____
_____。

　　依据《中华人民共和国社区矫正法》第四十七条之规定，建议对社区矫正对象_____予以逮捕。

　　此致

　　_____人民法院

（公章）

年　　月　　日

注：抄送_____人民检察院。

说明：

1. 本文书根据《中华人民共和国社区矫正法》第四十七条，"两高两部"《中华人民共和国社区矫正法实施办法》第四十八条的规定制作。用于在提出撤销缓刑、假释建议的同时，提请人民法院决定对其予以逮捕时使用。

2. 文书字号由年度、社区矫正机构代字、类型代字、文书编号组成，使用阿拉伯数字，例"（2020）××矫捕建字第 1 号"。该建议书一式三份，一份随同撤销缓刑、假释建议及相应证据材料等组卷，一份送原社区矫正决定机关或者执行地社区矫正机关，一份抄送执行地县级人民检察院。

文书 15

社区矫正对象减刑建议书

（　　）　　字第　　号

　　社区矫正对象_____，男（女），____年___月___日出生，___族，身份证号码_____，户籍地_____，执行地_____。因犯_____罪经_____人民法院于____年___月___日判处_____。____年___月___日经_____人民法院（监狱管理局、公安局）裁定假释（决定、批准暂予监外执行）。在管制（缓刑、假释、暂予监外执行）期间，依法实行社区矫正。社区矫正期限自_____年___月___日起至_____年___月___日止。

　　该社区矫正对象接受社区矫正期间有如下表现：_____
_____
_____。

　　依据《中华人民共和国刑法》第七十八条、《中华人民共和国刑事诉讼法》第二百七十三条、《中华人民共和国社区矫正法》第三十三条之规定，建议对社区矫正对象_____予以减刑。

　　此致
　　_____人民法院

（公章）

年　　月　　日

注：抄送_____人民检察院，_____公安（分）局，_____监狱。

说明：

1. 本文书根据《中华人民共和国刑法》第七十八条、《中华人民共和国刑事诉讼法》第二百七十三条、《中华人民共和国社区矫正法》第三十三条以及"两高两部"《中华人民共和国社区矫正法实施办法》第四十二条的规定制作。

2. 文书字号由年度、社区矫正机构代字、类型代字、文书编号组成，使用阿拉伯数字,例"(2020)××矫减建字第1号"。文书一式四份,提出减刑建议时,由执行地县级社区矫正机构将一份减刑建议书连同审批表、证明材料等整理组卷,另附一份,逐级上报上级社区矫正机构审核同意后提请执行地同级人民法院,同时抄送执行地同级人民检察院一份、公安机关、罪犯原服刑或者接收其档案的监狱一份。人民法院作出裁定后留存另附的一份,将卷宗退回社区矫正机构。

文书 16

社区矫正期满鉴定表

姓名		性别		出生年月	
户籍地		执行地			
罪名		原判刑期			
矫正类别		矫正期限		起止日	自 年 月 日 至 年 月 日
禁止令内容		禁止期限起止日		自 年 月 日 至 年 月 日	
附加刑判项内容					
社区矫正机构鉴定意见			（公章） 年　月　日		
备注					

说明：

本文书根据《中华人民共和国社区矫正法》第四十四条以及"两高两部"《中华人民共和国社区矫正法实施办法》第五十三条的规定制作。由执行地县级社区矫正机构根据其在接受社区矫正期间的表现等情况作出书面鉴定并存档，如受委托的司法所或者社区矫正中队需要对社区矫正对象矫正期间表现作出说明并提出意见建议的，可在鉴定意见前增设一栏，如"受委托的司法所意见"栏。

文书17

解除社区矫正宣告书

社区矫正对象_____：

　　依据《中华人民共和国刑法》《中华人民共和国刑事诉讼法》及《中华人民共和国社区矫正法》之规定，依据_____人民法院(公安局、监狱管理局)_____号判决书(裁定书、决定书)，在管制(缓刑、假释、暂予监外执行)期间，对你依法实行社区矫正。矫正期限自_____年____月____日起至_____年____月____日止。现矫正期满，依法解除社区矫正。现向你宣告以下事项：

　　1. 对你接受社区矫正期间表现的鉴定意见：_____
_____
_____
_____
_____
_____。

　　2. 管制期满，依法解除管制(缓刑考验期满，原判刑罚不再执行；假释考验期满，原判刑罚执行完毕)。

(公章)
年　　月　　日

　　　　社区矫正对象(签名)：

说明：

1. 本文书根据《中华人民共和国刑法》第四十条、第七十六条、第八十五条、《中华人民共和国社区矫正法》第四十四条以及"两高两部"《中华人民共和国社区矫正法实施办法》第五十四条的规定制作。

2. 文书最后一项，应针对社区矫正对象矫正类别的不同，相应填写：(1)对判处管制的，填写管制期满，解除管制。(2)对宣告缓刑的，填写缓刑考验期满，原判刑罚不再执行。(3)对假释的，填写考验期满，原判刑罚执行完毕。文书由执行地县级社区矫正机构存档。

文书 18

解除社区矫正证明书

（存根）

( )　字第　　号

社区矫正对象＿＿＿＿,男(女),＿＿＿年＿＿月＿＿日出生,＿＿族,身份证号码＿＿＿＿＿＿,居住地＿＿＿＿,户籍地＿＿＿＿。因犯＿＿＿＿罪于＿＿年＿＿月＿＿日被＿＿＿＿人民法院判处＿＿＿＿。依据＿＿＿＿人民法院(公安局、监狱管理局)＿＿＿＿号判决书(裁定书、决定书),在管制(缓刑、假释、暂予监外执行)期间,依法实行社区矫正。于＿＿＿＿年＿＿月＿＿日矫正期满,依法解除社区矫正。

（公章）
年　　月　　日

解除社区矫正证明书

( )　字第　　号

社区矫正对象＿＿＿＿,男(女),＿＿＿年＿＿月＿＿日出生,＿＿族,身份证号码＿＿＿＿＿＿,居住地＿＿＿＿,户籍地＿＿＿＿。因犯＿＿＿＿罪于＿＿年＿＿月＿＿日被＿＿＿＿人民法院判处＿＿＿＿。依据＿＿＿＿人民法院(公安局、监狱管理局)＿＿＿＿号判决书(裁定书、决定书),在管制(缓刑、假释、暂予监外执行)期间,依法实行社区矫正。于＿＿＿＿年＿＿月＿＿日矫正期满,依法解除社区矫正。

特此证明。

（公章）
年　　月　　日

说明：

1. 本文书根据《中华人民共和国社区矫正法》第四十四条以及"两高两部"《中华人民共和国社区矫正法实施办法》第五十三条的规定制作。

2. 文书字号由年度、社区矫正机构代字、类型代字、文书编号组成，使用阿拉伯数字，例"（2020）××矫解证字第1号"。该证明书一式两份，一份存档，一份在解除社区矫正宣告后发放给社区矫正对象，存根和证明书应加盖骑缝章。

文书 19

解除(终止)社区矫正通知书

(存根)

（　　）　字第　　号

　　社区矫正对象_____,男(女),_____年____月____日出生,____族,身份证号码_____,户籍地_____,执行地_____。因犯_____罪经_____人民法院于_____年____月____日以_____号判决书判处_____。依据_____号判决书(裁定书、决定书),在管制(缓刑、假释、暂予监外执行)期间,依法实行社区矫正。社区矫正期限自_____年____月____日起至_____年____月____日止。_____年____月____日矫正期满,依法解除社区矫正。(因_____,社区矫正终止。)
　　发往机关_____人民法院(公安局、监狱管理局)、_____人民检察院。

　　　　　　　　　填发人
　　　　　　　　　批准人
　　　　　　　　　填发日期　　　年　　月　　日

解除(终止)社区矫正通知书

（　　）　字第　　号

_____人民法院(公安局、监狱管理局):
　　社区矫正对象_____,男(女),_____年____月____日出生,____族,身份证_____,户籍地_____,执行地_____,因犯_____罪经_____人民法院于_____年____月____日以_____判决书判处_____。依据_____号判决书(裁定书、决定书),在管制(缓刑、假释、暂予监外执行)期间,依法实行社区矫正。社区矫正期限自_____年____月____日起至_____年____月____日止。_____年____月____日矫正期满,依

163

法解除社区矫正。(因＿＿＿＿,社区矫正终止。)

(公章)

年　　月　　日

注:抄送＿＿＿＿人民检察院,＿＿＿＿公安(分)局。

说明:

1.本文书根据《中华人民共和国社区矫正法》第四十四条、第四十五条以及"两高两部"《中华人民共和国社区矫正法实施办法》第五十三条的规定制作。

2.文书字号由年度、社区矫正机构代字、类型代字、文书编号组成,使用阿拉伯数字,例"(2020)××矫解/终通字第1号"。解除社区矫正通知书一式四份,一份存档,一份送决定社区矫正的人民法院(公安局、监狱管理局)、同时抄送执行地县级人民检察院和公安机关各一份。终止社区矫正通知书用于社区矫正对象被裁定撤销缓刑、假释,被决定收监执行,或者社区矫正对象死亡的情形。一式三份,存根和通知书应加盖骑缝章,一份存档,一份送社区矫正决定机关,一份送执行地县级人民检察院。

文书 20

社区矫正法律文书送达回执

送达文书内容			
受送达人的姓名、地址			
送达文书名称及件数	受送达人签收	代收人签收	送达人
	（公章） 年　月　日	年　月　日	
	年　月　日	年　月　日	
	年　月　日	年　月　日	
	年　月　日	年　月　日	
备注：			

填发人：

说明：

1. 本文书根据《中华人民共和国社区矫正法》以及"两高两部"《中华人民共和国社区矫正法实施办法》相关条款的规定制作，用于执行地社区矫正机构向社区矫正对象、社区矫正决定机关、执行地人民检察院、公安机关送达文书以及社区矫正机构之间、社区矫正机构与受委托司法所之间文书送达。

2. 送达回执一般直接送达签收，如果邮寄送达的可以将邮寄回执附送达回执上。

(二)其他部门

最高人民法院　最高人民检察院　公安部　司法部关于对因犯罪在大陆受审的台湾居民依法适用缓刑实行社区矫正有关问题的意见

（2016年7月26日　法发〔2016〕33号）

为维护因犯罪在大陆受审的台湾居民的合法权益，保障缓刑的依法适用和执行，根据《中华人民共和国刑法》、《中华人民共和国刑事诉讼法》和《社区矫正实施办法》等有关规定，结合工作实际，制定本意见。

第一条　对因犯罪被判处拘役、三年以下有期徒刑的台湾居民，如果其犯罪情节较轻、有悔罪表现、没有再犯罪的危险且宣告缓刑对所居住社区没有重大不良影响的，人民法院可以宣告缓刑，对其中不满十八周岁的人、怀孕的妇女和已满七十五周岁的人，应当宣告缓刑。

第二条　人民检察院建议对被告人宣告缓刑的，应当说明依据和理由。

被告人及其法定代理人、辩护人提出宣告缓刑的请求，应当说明理由，必要时需提交经过台湾地区公证机关公证的被告人在台湾地区无犯罪记录证明等相关材料。

第三条　公安机关、人民检察院、人民法院需要委托司法行政机关调查评估宣告缓刑对社区影响的，可以委托犯罪嫌疑人、被告人在大陆居住地的县级司法行政机关，也可以委托适合协助社区矫正的下列单位或者人员所在地的县级司法行政机关：

（一）犯罪嫌疑人、被告人在大陆的工作单位或者就读学校；

（二）台湾同胞投资企业协会、台湾同胞投资企业；

（三）其他愿意且有能力协助社区矫正的单位或者人员。

已经建立涉台社区矫正专门机构的地方，可以委托该机构所在地的县级司法行政机关调查评估。

根据前两款规定仍无法确定接受委托的调查评估机关的,可以委托办理案件的公安机关、人民检察院、人民法院所在地的县级司法行政机关。

第四条 司法行政机关收到委托后,一般应当在十个工作日内向委托机关提交调查评估报告;对提交调查评估报告的时间另有规定的,从其规定。

司法行政机关开展调查评估,可以请当地台湾同胞投资企业协会、台湾同胞投资企业以及犯罪嫌疑人、被告人在大陆的监护人、亲友等协助提供有关材料。

第五条 人民法院对被告人宣告缓刑时,应当核实其居住地或者本意见第三条规定的有关单位、人员所在地,书面告知被告人应当自判决、裁定生效后十日内到社区矫正执行地的县级司法行政机关报到,以及逾期报到的法律后果。

缓刑判决、裁定生效后,人民法院应当在十日内将判决书、裁定书、执行通知书等法律文书送达社区矫正执行地的县级司法行政机关,同时抄送该地县级人民检察院和公安机关。

第六条 对被告人宣告缓刑的,人民法院应当及时作出不准出境决定书,同时依照有关规定办理边控手续。

实施边控的期限为缓刑考验期限。

第七条 对缓刑犯的社区矫正,由其在大陆居住地的司法行政机关负责指导管理、组织实施;在大陆没有居住地的,由本意见第三条规定的有关司法行政机关负责。

第八条 为缓刑犯确定的社区矫正小组可以吸收下列人员参与:

(一)当地台湾同胞投资企业协会、台湾同胞投资企业的代表;

(二)在大陆居住或者工作的台湾同胞;

(三)缓刑犯在大陆的亲友;

(四)其他愿意且有能力参与社区矫正工作的人员。

第九条 根据社区矫正需要,司法行政机关可以会同相关部门,协调台湾同胞投资企业协会、台湾同胞投资企业等,为缓刑犯提供工作岗位、技能培训等帮助。

第十条 对于符合条件的缓刑犯,可以依据《海峡两岸共同打击犯罪及司法互助协议》,移交台湾地区执行。

第十一条 对因犯罪在大陆受审、执行刑罚的台湾居民判处管制、裁定假释、决定或者批准暂予监外执行,实行社区矫正的,可以参照适用本意见的有关规定。

第十二条 本意见自2017年1月1日起施行。

最高人民法院 最高人民检察院 公安部 国家安全部关于印发《关于取保候审若干问题的规定》的通知(节选)

(2022年9月5日 公通字〔2022〕25号)

各省、自治区、直辖市高级人民法院、人民检察院、公安厅(局)、国家安全厅(局),新疆维吾尔自治区高级人民法院生产建设兵团分院,新疆生产建设兵团人民检察院、公安局、国家安全局:

为进一步规范取保候审制度,根据《中华人民共和国刑事诉讼法》的有关规定,最高人民法院、最高人民检察院、公安部、国家安全部对1999年印发的《关于取保候审若干问题的规定》进行了修订。现印发给你们,请结合本地实际认真贯彻执行。

各地执行中遇到的问题,请分别报最高人民法院、最高人民检察院、公安部、国家安全部。

关于取保候审若干问题的规定

第二十四条 取保候审期限届满,决定机关应当作出解除取保候审或者变更强制措施的决定,并送交执行机关。决定机关未解除取保候审或者未对被取保候审人采取其他刑事强制措施的,被取保候审人及其法定代理人、近亲属或者辩护人有权要求决定机关解除取保候审。

对于发现不应当追究被取保候审人刑事责任并作出撤销案件或者终止侦查决定的,决定机关应当及时作出解除取保候审决定,并送交执行机关。

有下列情形之一的,取保候审自动解除,不再办理解除手续,决定机关应当及时通知执行机关：

（一）取保候审依法变更为监视居住、拘留、逮捕，变更后的强制措施已经开始执行的；

（二）人民检察院作出不起诉决定的；

（三）人民法院作出的无罪、免予刑事处罚或者不负刑事责任的判决、裁定已经发生法律效力的；

（四）被判处管制或者适用缓刑，社区矫正已经开始执行的；

（五）被单处附加刑，判决、裁定已经发生法律效力的；

（六）被判处监禁刑，刑罚已经开始执行的。

执行机关收到决定机关上述决定书或者通知后，应当立即执行，并将执行情况及时通知决定机关。

最高人民法院 最高人民检察院 公安部 司法部关于印发《关于未成年人犯罪记录封存的实施办法》的通知

(2022年5月24日 高检发办字〔2022〕71号)

各省、自治区、直辖市高级人民法院、人民检察院、公安厅(局)、司法厅(局)，解放军军事法院、解放军军事检察院，新疆维吾尔自治区高级人民法院生产建设兵团分院，新疆生产建设兵团人民检察院、公安局、司法局：

为全面贯彻习近平法治思想，进一步规范未成年人犯罪记录封存工作，根据《中华人民共和国刑事诉讼法》等相关规定，最高人民法院、最高人民检察院、公安部、司法部联合制定了《关于未成年人犯罪记录封存的实施办法》，现印发你们，请认真贯彻执行。

最高人民法院 最高人民检察院 公安部 司法部关于未成年人犯罪记录封存的实施办法

第一条 为了贯彻对违法犯罪未成年人教育、感化、挽救的方针，加强对未成年人的特殊、优先保护，坚持最有利于未成年人原则，根据刑法、刑事诉讼法、未成年人保护法、预防未成年人犯罪法等有关法律规定，结合司法工作实际，制定本办法。

第二条 本办法所称未成年人犯罪记录，是指国家专门机关对未成年犯罪人员情况的客观记载。应当封存的未成年人犯罪记录，包括侦查、起诉、审判及刑事执行过程中形成的有关未成年人犯罪或者涉嫌犯罪的全部案卷材料与电子档案信息。

第三条 不予刑事处罚、不追究刑事责任、不起诉、采取刑事强制措施的记录，以及对涉罪未成年人进行社会调查、帮教考察、心理疏导、司法救助等工作的记录，按照本办法规定的内容和程序进行封存。

第四条 犯罪的时候不满十八周岁，被判处五年有期徒刑以下刑罚以及免予刑事处罚的未成年人犯罪记录，应当依法予以封存。

对在年满十八周岁前后实施数个行为，构成一罪或者一并处理的数罪，主要犯罪行为是在年满十八岁周岁前实施的，被判处或者决定执行五年有期徒刑以下刑罚以及免予刑事处罚的未成年人犯罪记录，应当对全案依法予以封存。

第五条 对于分案办理的未成年人与成年人共同犯罪案件，在封存未成年人案卷材料和信息的同时，应当在未封存的成年人卷宗封面标注"含犯罪记录封存信息"等明显标识，并对相关信息采取必要保密措施。对于未分案办理的未成年人与成年人共同犯罪案件，应当在全案卷宗封面标注"含犯罪记录封存信息"等明显标识，并对相关信息采取必要保密措施。

第六条 其他刑事、民事、行政及公益诉讼案件，因办案需要使用了被封存的未成年人犯罪记录信息的，应当在相关卷宗封面标明"含犯罪记录封存信息"，并对相关信息采取必要保密措施。

第七条 未成年人因事实不清、证据不足被宣告无罪的案件，应当对涉罪记录予以封存；但未成年被告人及其法定代理人申请不予封存或者解除封存的，经人民法院同意，可以不予封存或者解除封存。

第八条 犯罪记录封存决定机关在作出案件处理决定时，应当同时向案件被告人或犯罪嫌疑人及其法定代理人或近亲属释明未成年人犯罪记录封存制度，并告知其相关权利义务。

第九条 未成年人犯罪记录封存应当贯彻及时、有效的原则。对于犯罪记录被封存的未成年人，在入伍、就业时免除犯罪记录的报告义务。

被封存犯罪记录的未成年人因涉嫌再次犯罪接受司法机关调查时，应当主动、如实地供述其犯罪记录情况，不得回避、隐瞒。

第十条 对于需要封存的未成年人犯罪记录，应当遵循《中华人民共和国个人信息保护法》不予公开，并建立专门的未成年人犯罪档案库，执行严格的保管制度。

对于电子信息系统中需要封存的未成年人犯罪记录数据，应当加设封存标记，未经法定查询程序，不得进行信息查询、共享及复用。

封存的未成年人犯罪记录数据不得向外部平台提供或对接。

第十一条 人民法院依法对犯罪时不满十八周岁的被告人判处五年有期徒刑以下刑罚以及免于刑事处罚的,判决生效后,应当将刑事裁判文书、《犯罪记录封存通知书》及时送达被告人,并同时送达同级人民检察院、公安机关,同级人民检察院、公安机关在收到上述文书后应当在三日内统筹相关各级检察机关、公安机关将涉案未成年人的犯罪记录整体封存。

第十二条 人民检察院依法对犯罪时不满十八周岁的犯罪嫌疑人决定不起诉后,应当将《不起诉决定书》、《犯罪记录封存通知书》及时送达被不起诉人,并同时送达同级公安机关,同级公安机关收到上述文书后应当在三日内将涉案未成年人的犯罪记录封存。

第十三条 对于被判处管制、宣告缓刑、假释或者暂予监外执行的未成年罪犯,依法实行社区矫正,执行地社区矫正机构应当在刑事执行完毕后三日内将涉案未成年人的犯罪记录封存。

第十四条 公安机关、人民检察院、人民法院和司法行政机关分别负责受理、审核和处理各自职权范围内有关犯罪记录的封存、查询工作。

第十五条 被封存犯罪记录的未成年人本人或者其法定代理人申请为其出具无犯罪记录证明的,受理单位应当在三个工作日内出具无犯罪记录的证明。

第十六条 司法机关为办案需要或者有关单位根据国家规定查询犯罪记录的,应当向封存犯罪记录的司法机关提出书面申请,列明查询理由、依据和使用范围等,查询人员应当出示单位公函和身份证明等材料。

经审核符合查询条件的,受理单位应当在三个工作日内开具有/无犯罪记录证明。许可查询的,查询后,档案管理部门应当登记相关查询情况,并按照档案管理规定将有关申请、审批材料、保密承诺书等一同存入卷宗归档保存。依法不许可查询的,应当在三个工作日内向查询单位出具不许可查询决定书,并说明理由。

对司法机关为办理案件、开展重新犯罪预防工作需要申请查询的,封存机关可以依法允许其查阅、摘抄、复制相关案卷材料和电子信息。对司法机关以外的单位根据国家规定申请查询的,可以根据查询的用途、目的与实际需要告知被查询对象是否受过刑事处罚、被判处的罪名、刑期等信息,必要时,可以提供相关法律文书复印件。

第十七条 对于许可查询被封存的未成年人犯罪记录的,应当告知查询犯罪记录的单位及相关人员严格按照查询目的和使用范围使用有关信息,严格遵守保密义务,并要求其签署保密承诺书。不按规定使用所查询的犯罪记录或者违反规定泄露相关信息,情节严重或者造成严重后果的,应当依法追究相关人员的责任。

因工作原因获知未成年人封存信息的司法机关、教育行政部门、未成年人所在学校、社区等单位组织及其工作人员、诉讼参与人、社会调查员、合适成年人等,应当做好保密工作,不得泄露被封存的犯罪记录,不得向外界披露该未成年人的姓名、住所、照片,以及可能推断出该未成年人身份的其他资料。违反法律规定披露被封存信息的单位或个人,应当依法追究其法律责任。

第十八条 对被封存犯罪记录的未成年人,符合下列条件之一的,封存机关应当对其犯罪记录解除封存:

(一)在未成年时实施新的犯罪,且新罪与封存记录之罪数罪并罚后被决定执行刑罚超过五年有期徒刑的;

(二)发现未成年时实施的漏罪,且漏罪与封存记录之罪数罪并罚后被决定执行刑罚超过五年有期徒刑的;

(三)经审判监督程序改判五年有期徒刑以上刑罚的。

被封存犯罪记录的未成年人,成年后又故意犯罪的,人民法院应当在裁判文书中载明其之前的犯罪记录。

第十九条 符合解除封存条件的案件,自解除封存条件成立之日起,不再受未成年人犯罪记录封存相关规定的限制。

第二十条 承担犯罪记录封存以及保护未成年人隐私、信息工作的公职人员,不当泄露未成年人犯罪记录或者隐私、信息的,应当予以处分;造成严重后果,给国家、个人造成重大损失或者恶劣影响的,依法追究刑事责任。

第二十一条 涉案未成年人应当封存的信息被不当公开,造成未成年人在就学、就业、生活保障等方面未受到同等待遇的,未成年人及其法定代理人可以向相关机关、单位提出封存申请,或者向人民检察院申请监督。

第二十二条 人民检察院对犯罪记录封存工作进行法律监督。对犯罪记录应当封存而未封存,或者封存不当,或者未成年人及其法定代理人提出异议的,人民检察院应当进行审查,对确实存在错误的,应当及时通知有关单位予以纠正。

有关单位应当自收到人民检察院的纠正意见后及时审查处理。经审查无误的,应当向人民检察院说明理由;经审查确实有误的,应当及时纠正,并将纠正措施与结果告知人民检察院。

第二十三条 对于 2012 年 12 月 31 日以前办结的案件符合犯罪记录封存条件的,应当按照本办法的规定予以封存。

第二十四条 本办法所称"五年有期徒刑以下"含本数。

第二十五条 本办法由最高人民法院、最高人民检察院、公安部、司法部共同负责解释。

第二十六条 本办法自 2022 年 5 月 30 日起施行。

最高人民法院　最高人民检察院 公安部　国家安全部　司法部印发 《关于规范量刑程序 若干问题的意见》的通知(节选)

(2020年11月5日　法发〔2020〕38号)

各省、自治区、直辖市高级人民法院、人民检察院、公安厅(局)、国家安全厅(局)、司法厅(局),解放军军事法院、军事检察院,新疆维吾尔自治区高级人民法院生产建设兵团分院、新疆生产建设兵团人民检察院、公安局、国家安全局、司法局:

　　为深入推进以审判为中心的刑事诉讼制度改革,落实认罪认罚从宽制度,进一步规范量刑程序,确保量刑公开公正,根据刑事诉讼法和有关司法解释等规定,结合工作实际,最高人民法院、最高人民检察院、公安部、国家安全部和司法部对"两高三部"《关于规范量刑程序若干问题的意见(试行)》进行了修改完善,现联合印发"两高三部"《关于规范量刑程序若干问题的意见》,请认真贯彻执行。对于施行情况及遇到的问题,请分别报告最高人民法院、最高人民检察院、公安部、国家安全部、司法部。

最高人民法院　最高人民检察院 公安部　国家安全部　司法部关于规范 量刑程序若干问题的意见

　　第三条　对于可能判处管制、缓刑的案件,侦查机关、人民检察院、人民法院可以委托社区矫正机构或者有关社会组织进行调查评估,提出意见,供判处管制、缓刑时参考。

社区矫正机构或者有关社会组织收到侦查机关、人民检察院或者人民法院调查评估的委托后,应当根据委托机关的要求依法进行调查,形成评估意见,并及时提交委托机关。

对于没有委托进行调查评估或者判决前没有收到调查评估报告的,人民法院经审理认为被告人符合管制、缓刑适用条件的,可以依法判处管制、宣告缓刑。

公安部关于印发《公安机关对部分违反治安管理行为实施处罚的裁量指导意见》的通知(节选)

(2018年6月5日 公通字〔2018〕17号)

各省、自治区、直辖市公安厅、局,新疆生产建设兵团公安局:

为贯彻落实党中央关于建立健全行政裁量权基准制度的要求,保证公安机关正确适用《中华人民共和国治安管理处罚法》,进一步规范民警执法行为,减少执法随意性,公安部制定了《公安机关对部分违反治安管理行为实施处罚的裁量指导意见》(以下简称《裁量指导意见》),现印发给你们,请结合实际,认真贯彻执行。

各地公安机关要充分认识制定实施《裁量指导意见》对规范公安机关行政执法活动的重要意义,通过集中授课、案例评析等多种形式,认真组织开展学习培训,使基层执法民警准确掌握《裁量指导意见》的内容,不断提高办理治安案件的能力和水平。要逐步将《裁量指导意见》要求嵌入公安机关执法办案信息系统,以信息化手段保障实施。要通过网上巡查通报、编发案例指导、案件法制审核、行政复议应诉等多种途径,加强对规范行使治安管理处罚裁量权的监督指导,确保《裁量指导意见》相关要求落实到位。

执行中遇到的问题,请及时报部。

公安机关对部分违反治安管理行为实施处罚的裁量指导意见

为规范公安机关治安管理处罚裁量权,确保执法公平公正,根据《中华人民共和国治安管理处罚法》《中华人民共和国行政处罚法》,结合执法实践,制定本指导意见。

第一部分　一般适用规则

一、本指导意见适用于治安管理处罚法规定的尚不够刑事处罚且依法应当予以治安管理处罚的违反治安管理行为。本指导意见中的违反治安管理行为名称,依据《公安部关于印发〈违反公安行政管理行为的名称及其适用意见〉的通知》(公通字〔2015〕35号)确定。

二、实施治安管理处罚应当以事实为根据,以法律为准绳,根据违反治安管理行为的事实、性质、情节和社会危害性,作出过罚相当的处罚决定。

三、实施治安管理处罚应当宽严相济,做到该宽则宽、当严则严,确保法律效果和社会效果的统一。

四、实施治安管理处罚应当全面、客观把握不同时期不同地区的经济社会发展和治安形势变化,以有效发挥治安管理处罚对维护社会治安秩序的作用。但是,对同一地区同一时期案情相似的案件,所作出的治安管理处罚应当基本均衡。

五、实施治安管理处罚时,应当根据违反治安管理行为的基本事实和本指导意见规定的"情节较轻""情节较重""情节严重"的具体适用情形,先确定依法适用的处罚幅度,再综合考虑违反治安管理行为的对象、后果、数额、次数、行为人主观恶意程度,以及从重、从轻、减轻等法定裁量情节,作出具体的处罚决定。

六、违反治安管理具有下列情形之一的,属于"情节较重""情节严重":

(一)一年内因同种违法行为被治安管理处罚后又实施的;

(二)刑罚执行完毕六个月内,或者在缓刑、假释期间,实施违反治安管理行为的;

(三)组织、领导实施违反治安管理行为的,或者在共同违反治安管理行为中起主要作用的;

(四)被侵害人为精神病人、残疾人、老年人、未成年人、孕妇的;

(五)在突发事件和重大活动期间、突发事件和重大活动发生地、举行地实施违反治安管理行为的;

(六)达到刑事追诉标准,但因犯罪情节轻微,人民检察院作出不起诉决定或者人民法院判决免除刑事处罚的。

七、违反治安管理具有下列情形之一的,属于"情节较轻":

(一)实施违反治安管理行为危害较小,且积极配合公安机关查处的;

(二)在共同违反治安管理行为中起次要或者辅助作用的。

八、违反治安管理行为,既具有"情节较重"或者"情节严重"情节,又具有治安管理处罚法规定的"减轻处罚或者不予处罚"情节的,一般决定适用"减轻处罚"。

九、违反治安管理行为,具有两个以上"情节较重"或者"情节严重"情节,且无从轻、减轻或者不予处罚等法定裁量情节,治安管理处罚法规定"可以并处"罚款的,一般决定适用并处罚款。

十、对治安管理处罚法规定"处警告或者二百元以下罚款"的违反治安管理行为,具有从轻处罚情节,且无其他法定裁量情节的,依法决定适用警告;具有减轻处罚情节,且无其他法定裁量情节的,依法决定适用警告或者不予处罚。

十一、对治安管理处罚法规定"处五日以下拘留或者五百元以下罚款"的违反治安管理行为,行为人系初次违反治安管理且社会危害性不大,同时又无其他法定裁量情节的,一般决定适用五百元以下罚款;对治安管理处罚法规定"情节较轻的,处五日以下拘留或者五百元以下罚款"的违反治安管理行为,同时具有从轻处罚情节或者同时系初次违反治安管理,未造成危害后果和社会影响且无其他法定裁量情节的,一般决定适用五百元以下罚款。

十二、本指导意见没有规定的,依照《公安部关于实施公安行政处罚裁量基准制度的指导意见》(公通字〔2016〕17号)的有关规定处理。

公安部　国家发展和改革委员会　工业和信息化部　中国人民银行电信网络诈骗及其关联违法犯罪联合惩戒办法

(2024年9月5日　公安部　国家发展和改革委员会　工业和信息化部　中国人民银行令第170号)

第一条　为打击治理电信网络诈骗及其关联违法犯罪,建立健全联合惩戒制度,根据《中华人民共和国反电信网络诈骗法》等法律法规,制定本办法。

第二条　联合惩戒应当遵循依法认定、过惩相当、动态管理的原则。

第三条　本办法规定的惩戒对象包括:

(一)因实施电信网络诈骗犯罪活动,或者实施与电信网络诈骗相关联的帮助信息网络犯罪活动,妨害信用卡管理,侵犯公民个人信息,掩饰、隐瞒犯罪所得、犯罪所得收益及组织他人偷越国(边)境、偷越国(边)境等犯罪受过刑事处罚的人员;

(二)经设区的市级以上公安机关认定,具有下列行为之一的单位、个人和相关组织者:

1. 非法买卖、出租、出借电话卡、物联网卡、固定电话、电信线路、短信端口、银行账户、支付账户、数字人民币钱包、互联网账号等三张(个)以上,或者为上述卡、账户、账号提供实名核验帮助三张(个)以上的;

2. 非法买卖、出租、出借电话卡、物联网卡、固定电话、电信线路、短信端口、银行账户、支付账户、数字人民币钱包、互联网账号等三次以上,或者为上述卡、账户、账号提供实名核验帮助三次以上的;

3. 向三个以上对象非法买卖、出租、出借电话卡、物联网卡、固定电话、电信线路、短信端口、银行账户、支付账户、数字人民币钱包、互联网账号等,或者提供实名核验帮助的;

4.假冒他人身份或者虚构代理关系开立电话卡、物联网卡、固定电话、电信线路、短信端口、银行账户、支付账户、数字人民币钱包、互联网账号等的；

具有前三种情形之一，虽未达到数量标准，但造成较大影响、确有惩戒必要的，报经省级以上公安机关审核认定，可以列为惩戒对象。

第四条 惩戒对象为单位的，可以同时对其直接负责的主管人员和其他直接责任人员实施惩戒。

第五条 惩戒措施包括金融惩戒、电信网络惩戒、信用惩戒。

第六条 银行业金融机构、非银行支付机构应当对惩戒对象落实以下金融惩戒措施：

(一)限制惩戒对象名下银行账户、数字人民币钱包的非柜面出金功能，与开立机构既有协议约定的代扣代缴税款、社保、水电煤气费等基本生活保障的款项除外；

(二)停止惩戒对象名下支付账户业务，支付账户余额向本人同名银行账户转账除外；

(三)暂停为惩戒对象新开立支付账户、实名数字人民币钱包，新开立的银行账户应遵循本条第(一)项要求。

第七条 电信业务经营者、互联网服务提供者应当对惩戒对象落实以下电信网络惩戒措施：

(一)限制惩戒对象名下的电话卡、物联网卡、固定电话、电信线路、短信端口等功能以及过户等业务；

(二)限制惩戒对象名下电话卡注册的存在涉诈风险的互联网账号功能及业务；

(三)不得为惩戒对象开立新的电话卡、物联网卡、固定电话、电信线路、短信端口、存在涉诈风险的互联网账号等以及提供网站、应用程序的分发、上架等业务。

以上涉及惩戒的通信业务、互联网应用等应当具备较高的涉诈属性和安全风险，具体惩戒范围由公安机关会同行业主管部门认定。在惩戒期内，惩戒对象在收到公安机关惩戒通知后十个工作日内可申请保留一张名下非涉案电话卡。

第八条 信用惩戒措施应当通过以下方式予以落实：

(一)将有关惩戒对象纳入"电信网络诈骗"严重失信主体名单，共享至全国信用信息共享平台，并通过"信用中国"网站对严重失信主体信息进行公示；

(二)将有关惩戒对象信息纳入金融信用信息基础数据库。

第九条 对惩戒对象实行分级惩戒:

(一)实施电信网络诈骗及其关联犯罪被追究刑事责任的,适用本办法第六条至第八条规定的惩戒措施,惩戒期限为三年;

(二)经设区的市级以上公安机关认定的惩戒对象,适用本办法第六条、第七条及第八条第(二)项规定的惩戒措施,惩戒期限为二年。

第十条 被判处有期徒刑、拘役的惩戒对象,惩戒期限自有期徒刑、拘役执行完毕之日起计算,惩戒措施效力当然施用于有期徒刑、拘役执行期间。被判处管制或者宣告缓刑的惩戒对象,惩戒期限自判决生效之日起计算。

经设区的市级公安机关认定的,惩戒期限自认定之日起计算。

惩戒对象在惩戒期限内被多次惩戒的,惩戒期限累计执行,但连续执行期限不得超过五年。

惩戒到期后自动解除,有关惩戒对象自动移出"电信网络诈骗"严重失信主体名单。

第十一条 县级公安机关在办理电信网络诈骗及其关联违法犯罪案件时,应当及时掌握对犯罪嫌疑人、被告人移送起诉、审判的情况,对符合本办法第三条规定的,及时呈报设区的市级以上公安机关审核。

设区的市级以上公安机关审核认定后,出具联合惩戒对象信息报送表,注明惩戒措施及期限、申诉渠道等信息,层报公安部。公安部将联合惩戒对象相关信息移送国家发展和改革委员会、工业和信息化部和中国人民银行。

第十二条 中国人民银行征信中心、电信业务经营者、银行业金融机构、非银行支付机构、互联网服务提供者应当在收到公安机关惩戒对象相关信息后十个工作日内落实惩戒措施并及时反馈结果。

第十三条 作出惩戒对象认定的公安机关应当在有关部门落实惩戒措施前,采取当面或者邮寄等方式,将惩戒的事由依据、惩戒期限、惩戒措施、依法享有申诉的权利及申诉渠道等内容书面告知被惩戒对象。

第十四条 惩戒对象对惩戒认定有异议的,或者相关惩戒措施到期未解除的,可以通过当面、电话、书面等方式向作出认定的公安机关申诉。

公安机关收到申诉后,应当在三个工作日内一次性告知申诉人需要提供的材料,并在收到材料之日起十五个工作日内完成核查工作,向申诉人书面反馈核查结果,对于不予解除惩戒措施的应当说明理由。

第十五条 对于经过核查,发现原惩戒认定确有错误的,经设区的市级以上公安机关审核认定后,及时出具解除联合惩戒对象信息报送表,层报公安部。公安部将解除联合惩戒对象相关信息移送国家发展和改革委员会、工业和信息化部和中国人民银行。

对于因惩戒认定错误给原被惩戒对象造成损害的,应当依法追究相关责任。

第十六条 中国人民银行征信中心、电信业务经营者、银行业金融机构、非银行支付机构、互联网服务提供者应当在收到公安机关解除惩戒对象相关信息后十个工作日内解除惩戒措施并及时反馈结果。

第十七条 直辖市的区县公安机关适用本办法中设区的市级公安机关的相关规定。

本办法中"以上",均包含本级、本数。

第十八条 本办法自2024年12月1日起施行。《中华人民共和国反电信网络诈骗法》施行前,实施本办法第三条所列行为的,不适用本办法。

民政部 国家发展和改革委员会 教育部 公安部 司法部 财政部 人力资源和社会保障部 住房和城乡建设部 交通运输部 农业农村部 文化和旅游部 国家卫生健康委 退役军人事务部 应急管理部 国家体育总局 国家医保局关于健全完善村级综合服务功能的意见(节选)

(2022年7月5日 民发〔2022〕56号)

二、确保综合服务供给下沉到村

(九)警务和法律服务。做实农村警务工作,健全完善联防联治机制。推动普法宣传、人民调解、法律援助等服务全覆盖,充分发挥村法律顾问作用。强化对社区矫正、社区戒毒社区康复、刑满释放人员帮扶救助和精神障碍社区康复服务。

附件

村级组织协助政务服务指导目录

序号	服务事项	服务对象	职能部门	法律法规依据
19	社区矫正	社区矫正对象	县级社区矫正机构、受委托的司法所	《中华人民共和国社区矫正法》

人力资源和社会保障部 教育部 国家发展和改革委员会 财政部关于印发"十四五"职业技能培训规划的通知(节选)

(2021年12月15日 人社部发〔2021〕102号)

各省、自治区、直辖市人民政府,国务院各部委、各直属机构:

《"十四五"职业技能培训规划》已经国务院同意,现印发给你们,请认真贯彻执行。

"十四五"职业技能培训规划

(六)强化重点群体就业技能培训。

实施青年专项技能培训计划。以高校和职业院校毕业年度毕业生和其他青年群体为培训对象,以提升就业创业能力为核心,开展青年职业技能培训,增强青年群体适应产业发展、岗位需求和基层就业的能力。实施青年学徒培养计划,通过企校双师带徒、工学交替,培养适合企业发展和岗位需要的高技能人才。对城乡未继续升学的初高中毕业生开展劳动预备制培训。大力开展青年创业培训、新职业培训、技能提升培训。

实施退役军人培训计划。结合退役军人实际和就业愿望,推行适应性培训,强化思想政治引领,引导合理就业预期。开展职业技能培训,推动各地对接共享优质教育培训资源,逐步实现退役军人跨省异地培训。依托高校、职业院校、社会培训机构、创业孵化基地等现有资源挂牌建立退役军人就业创业园地,发挥示范作用。

实施农村转移劳动力等职业技能提升计划。面向农村转移劳动力、返乡农民工、脱贫劳动力,开展职业技能培训和安全知识培训。以输出地为主,组织当地农民工和返乡入乡农民工开展就业创业培训,促进其就近就业创业。以输入地为主,大力开展促进农民工就业的技能培训和新职业新业态培训,提升其就业能力。要注重对准备外出就业青年农民工的职业指导和培训工作,依托职业院校和职业技能培训机构等为其提供有针对性的培训服务,促进其职业技能提升。积极推进乡村建设所需的农业农村本地人才技能培训,培养一批农业农村高技能人才和乡村工匠。强化高素质农民先进实用技术技能培训,推进各类现代农业技术培训和其它涉农技术培训,提升农业农村产业发展能力和新型农业经营主体经营管理能力。

做好其他群体就业技能培训工作。做好妇女职业技能培训,组织适合女性就业的育婴、家政等急需紧缺职业培训和编织、手工制作等专项技能培训。结合失业人员特点,提供有针对性的就业创业指导、就业技能培训等就业服务,提升转岗就业技能和创业能力。做好长江流域禁捕退捕渔民职业技能培训。对服刑人员、强制隔离戒毒人员和社区矫正对象,开展以回归社会为目的的就业技能培训。

开展技能帮扶工作。对符合条件的脱贫家庭(含监测帮扶对象家庭)、困难职工家庭、社会救助对象和残疾人,重点依托职业院校,实施技能帮扶千校行动、雨露计划、残疾人职业技能提升计划。

国务院未成年人保护工作领导小组关于印发《国务院未成年人保护工作领导小组关于加强未成年人保护工作的意见》的通知

(2021年6月6日　国未保组〔2021〕1号)

各省、自治区、直辖市未成年人保护工作领导小组(委员会),新疆生产建设兵团未成年人保护工作领导小组,国务院未成年人保护工作领导小组各成员单位:

《国务院未成年人保护工作领导小组关于加强未成年人保护工作的意见》已商中央编办同意,并经国务院未成年人保护工作领导小组第一次全体会议审议通过,现予印发,请认真贯彻落实。

抄送:各省、自治区、直辖市未成年人保护工作领导小组(委员会),新疆生产建设兵团未成年人保护工作领导小组。

国务院未成年人保护工作领导小组关于加强未成年人保护工作的意见

未成年人保护工作关系国家未来和民族振兴。党中央始终高度重视未成年人工作,关心未成年人成长。习近平总书记多次指出,少年儿童是祖国的未来,是中华民族的希望,强调培养好少年儿童是一项战略任务,事关长远。为深入学习贯彻习近平总书记重要指示批示精神,贯彻落实党中央、国务院关于加强未成年人保护工作决策部署,推动《中华人民共和国未成年人保护法》等法律法规落地落细,现就加强未成年人保护工作提出如下意见:

一、总体要求

（一）指导思想。

以习近平新时代中国特色社会主义思想为指导，深入学习贯彻习近平总书记关于未成年人保护工作重要指示批示精神，全面贯彻落实党的十九大、十九届二中、三中、四中、五中全会精神和党中央、国务院关于未成年人保护工作决策部署，立足新发展阶段、贯彻新发展理念、构建新发展格局，以满足人民日益增长的美好生活需要为根本目的，进一步加强组织领导、完善运行机制、强化制度建设、健全服务体系，切实保护未成年人身心健康、保障未成年人合法权益。

（二）基本原则。

——坚持党对未成年人保护工作的领导。把党的领导贯穿未成年人保护工作全过程各方面，紧紧围绕统筹推进"五位一体"总体布局和协调推进"四个全面"战略布局，坚持思想道德教育和权益维护保障相融合，大力培育和践行社会主义核心价值观，培养有理想、有道德、有文化、有纪律的社会主义建设者和接班人，培养担当民族复兴大任的时代新人。

——坚持最有利于未成年人的原则。以依法保障未成年人平等享有生存权、发展权、受保护权和参与权等权利，促进未成年人全面健康成长作为出发点和落脚点，在制定法律法规、政策规划和配置公共资源等方面优先考虑未成年人的利益和需求，在处理未成年人事务中始终把未成年人权益和全面健康成长放在首位，确保未成年人依法得到特殊、优先保护。

——坚持系统谋划统筹推进。加强全局谋划、统筹布局、整体推进，有效发挥各级未成年人保护工作协调机制统筹协调、督促指导作用，着力补短板、强弱项，强化顶层设计、部门协作。坚持未成年人保护工作的政治性、群众性、时代性、协同性，积极推动各方力量参与未成年人保护工作，构建家庭保护、学校保护、社会保护、网络保护、政府保护、司法保护"六位一体"的新时代未成年人保护工作格局。

（三）总体目标。

到2025年，上下衔接贯通、部门协调联动的未成年人保护工作体制机制基本形成，制度体系逐步健全，与未成年人保护法相衔接的法律法规体系不断完善，工作力量有效加强，侵害未成年人合法权益案件发生率明显下降，全社会关心关注未成年人健康成长的氛围显著增强。到2035年，与我国经济社会发展相适应、与人口发展战略相匹配的未成年人保护工作体系全面建立，加强未成年人保护工作成为各部门、各行业和社会各界的行动自觉，成为全面建成社会主义现代化国家的显著标志之一,未成年人的生存权、发展权、受保护权、参与权等权利得到更加充分保障。

二、重点任务

(一)强化家庭监护责任。

1. 加强家庭监护指导帮助。巩固和强化家庭监护主体责任,加大宣传培训和健康教育力度,指导未成年人的父母或者其他监护人依法履行监护职责,抚养、教育和保护未成年人。推动构建家庭教育指导服务体系,加强社区家长学校、家庭教育指导服务站点建设,为未成年人的父母或其他监护人、被委托人每年提供不少于一次公益性家庭教育指导服务。婚姻登记机关办理离婚登记及人民法院审理家事案件时涉及未成年子女的,要对当事人进行未成年人保护相关家庭教育指导。

2. 完善家庭监护支持政策。全面落实产假等生育类假期制度和哺乳时间相关规定,鼓励有条件的地区探索开展育儿假试点。加强家庭照护支持指导,增强家庭科学育儿能力。有条件的地区,探索对依法收养孤儿和残疾儿童、非生父母履行监护权的家庭在水电气等公共服务方面给予优惠。地方政府在配租公租房时,对符合当地住房保障条件且有未成年子女的家庭,可根据其未成年子女数量在户型选择方面给予适当照顾。推进儿童福利机构拓展集养、治、教、康和专业社会工作服务于一体的社会服务功能,探索向社会残疾儿童提供服务。

3. 推进家庭监护监督工作。指导村(居)民委员会等相关组织对未成年人的父母或者其他监护人履行监护情况开展监督。村(居)民委员会等相关组织发现未成年人的父母或者其他监护人拒绝或者怠于履行监护责任时,要予以劝阻、制止或者批评教育,督促其履行监护职责;情节严重导致未成年人处于危困状态或造成严重后果的,要及时采取保护措施并向相关部门报告。

4. 依法处置监护人侵害未成年人权益行为。公安机关接到报告或者公安机关、人民检察院、人民法院在办理案件过程中发现未成年人的父母或者其他监护人存在不依法履行监护职责或者侵犯未成年人合法权益的,应当予以训诫,并可以责令其接受家庭教育指导。对监护人严重损害未成年人身心健康及合法权益,或者不履行监护职责致未成年人处于危困状态等监护侵害行为,依法督促、支持起诉。加强宣传引导和警示教育,及时向社会公布监护人侵害未成年人权益行为处置情况案例。

(二)加强学校保护工作。

5. 加强未成年人思想道德教育。指导学校深入开展共产主义、中国特色社会主义和中国梦学习宣传教育,坚持立德树人,培育和践行社会主义核心价值观,引导广大未成年人听党话、跟党走,养成良好思想品德和行为习惯。指导学校加强新修订的《中华人民共和国未成年人保护法》等法律法规宣传教育,深入开展未成年人法治教育,提升学生法治意识。深化团教协作,强化少先队实践育人作用,加强未成年人思想道德引领。

6.健全学校保护制度。制定《未成年人学校保护规定》,整合、完善学校保护制度体系。完善校园安全风险防控体系和依法处理机制,加强校园周边综合治理。提高学生安全意识和自我防护能力,开展反欺凌、交通安全、应急避险自救、防范针对未成年人的犯罪行为等安全教育。积极发展公共交通和专用校车,解决学生上下学乘车难问题,使用校车的学校要加强校车安全管理和使用。强化校园食品安全管理,严格落实校长(园长)集中用餐陪餐、家长代表陪餐、用餐信息公开等制度。严厉打击涉及学校和学生安全的违法犯罪行为。推动落实义务教育学校课后服务全覆盖,与当地正常下班时间相衔接,解决家长接学生困难问题。

7.有效防范学生欺凌。进一步完善考评机制,将学生欺凌防治工作纳入责任督学挂牌督导范围、作为教育质量评价和工作考评重要内容。建立健全学生欺凌报告制度,制定学生欺凌防治工作责任清单,压实岗位责任。指导学校定期全面排查,及时发现苗头迹象或隐患点,做好疏导化解工作。完善校规校纪,健全教育惩戒工作机制,依法依规处置欺凌事件。

8.创新学校保护工作机制。建立学校保护工作评估制度,评估结果纳入学校管理水平评价和校长考评考核范围。严格落实教职员工准入查询性侵违法犯罪信息制度。充分发挥"法治副校长"、"法治辅导员"作用,常态化开展"法治进校园"、组织模拟法庭、以案释法、开设法治网课等多样化法治教育和法治实践活动,教育引导未成年人遵纪守法。依托中小学校、社区建设少年警校,加强对未成年人的法治教育、安全教育。引入专业力量参与学生管理服务,有条件的地方,可通过建立学校社会工作站、设立社会工作岗位、政府购买服务等方式,推进学校社会工作发展。

(三)加大社会保护力度。

9.有效落实强制报告制度。指导国家机关、村(居)民委员会、密切接触未成年人的单位、组织及其工作人员有效履行侵害未成年人事件强制报告义务,提升识别、发现和报告意识与能力。建立强制报告线索的受理、调查、处置和反馈制度。加强强制报告法律法规和政策措施的宣传培训和教育引导工作。依法依规对未履行报告义务的组织和个人予以惩处。

10.切实发挥群团组织作用。共青团组织要大力推动实施中长期青年发展规划,依托"青年之家"、"12355青少年服务台"、"青少年维权岗"等阵地有效维护青少年发展权益。妇联组织要加强对未成年人的父母或其他监护人、被委托人的家庭教育指导,依托"儿童之家"等活动场所,为未成年人保护工作提供支持。残联组织要加强残疾未成年人权益保障,落实残疾儿童康复救助制度,指导有条件的地方,扩大残疾儿童康复救助年龄范围,放宽对救助对象家庭经济条件的限制。工会组织要积极开展职工未成年子女关爱服务,推动用人单位母婴设施建设。关心下一代工作委员会等单位、组织要在职责范围内协助相关部门做好未成年人保护工作。

11.积极指导村(居)民委员会履行法定职责。指导村(居)民委员会落实专人专岗负责未成年人保护工作的法定要求,每个村(社区)至少设立一名儿童主任,优先由村(居)民委员会女性委员或村(社区)妇联主席兼任,儿童数量较多的村(社区)要增设补充儿童主任。推进村(社区)少先队组织建设。持续推进"儿童之家"建设。鼓励村(居)民委员会设立下属的未成年人保护委员会。指导村(居)民委员会落实强制报告和家庭监护监督职责,提升发现报告能力。加强村(社区)未成年人活动场所和设施建设,推进村(社区)党群服务中心、文化活动室等服务设施向未成年人开放。指导村(居)民委员会组织开展未成年人保护相关政策宣讲、知识培训活动。

12.加强未成年人保护领域社会组织建设。培育和发展未成年人保护领域社会组织,到2025年,实现未成年人保护专业性社会组织县(市、区、旗)全覆盖。大力发展未成年人保护领域专业社会工作和志愿服务,充分发挥社会工作者在未成年人保护工作中资源链接、能力建设、心理干预、权益保护、法律服务、社会调查、社会观护、教育矫治、社区矫正、收养评估等专业优势,积极引导志愿者参与未成年人保护工作。健全未成年人保护领域慈善行为导向机制,依托全国儿童福利信息系统、全国慈善信息公开平台等加强数据共享和供需对接,引导公益慈善组织提供个性化、差异化、有针对性的服务。

(四)完善网络保护工作。

13.完善未成年人网络保护法规政策体系。加快推动出台未成年人网络保护条例,完善配套政策,净化未成年人网络环境,保障未成年人网络空间安全,保护未成年人合法网络权益,构建网络环境保护长效机制。推动制定未成年人网络保护行业规范和行为准则。加强涉未成年人网课平台和教育移动互联网应用程序规范管理,完善未成年人网课平台备案管理制度。

14.加强未成年人个人信息网络保护。指导监督网络运营者有效履行未成年人个人信息网络保护的平台责任,严格依照法律规定和用户协议收集和使用未成年人个人信息。指导网络运营者对未成年人及其监护人提出的更正、删除未成年人网上个人信息的诉求,依法依规予以配合。严厉打击通过网络以文字、图片、音视频等形式对未成年人实施侮辱、诽谤、猥亵或恶意损害形象等网络欺凌行为,指导网络运营者及时配合制止网络欺凌行为并防止信息扩散。

15. 加强防止未成年人网络沉迷工作。规范网络游戏、网络直播和网络短视频等服务,有效遏制未成年人网络沉迷、过度消费等行为。加强前置审查,严格网络游戏审批管理。严格实行网络游戏用户账号实名注册制度,推动建立统一的未成年人网络游戏电子身份认证系统。有效控制未成年人使用网络游戏时段、时长,规定时间内不得以任何形式为未成年人提供游戏服务。严格规范向未成年人提供付费服务。加强中小学生手机管理,推进未成年学生在校专心学习。

(五)强化政府保护职能。

16. 有效落实政府监护职责。加强政府监护体制机制建设,提高长期监护专业化服务水平,建立健全临时监护工作制度。建立监护评估制度,建立健全由民政部门指定监护人和终止临时监护情形时监护人的监护能力评估工作规范,科学评判其履行监护职责的能力和条件,推动监护评估规范化专业化。完善因突发事件影响造成监护缺失未成年人救助保护制度措施。进一步健全孤儿保障制度,建立基本生活保障标准动态调整机制。

17. 加强困境未成年人关爱服务。加强困境未成年人分类保障,分类实施困境未成年人保障政策。将符合条件的未成年人纳入最低生活保障、特困人员救助供养等社会救助范围,加强对困难家庭的重病、重残未成年人生活保障工作。合理确定事实无人抚养儿童生活补助标准,对符合条件的事实无人抚养儿童按规定落实医疗救助政策。结合实施乡村振兴战略深化农村留守儿童关爱服务,完善义务教育控辍保学工作机制。进一步落实家庭经济困难儿童教育资助政策和义务教育阶段"两免一补"政策。

18. 建设高质量教育体系。坚持教育公益性原则,推进基本公共教育服务均等化,推动义务教育优质均衡发展和城乡一体化。保障农业转移人口随迁子女平等享有基本公共教育服务。完善普惠性学前教育和特殊教育、专门教育保障机制,鼓励高中阶段学校多样化发展。办好每所学校,关心每名学生成长,坚决克服唯分数、唯升学倾向。规范校外培训,切实减轻中小学生过重校外培训负担。

19.加强未成年人健康综合保障。完善医疗卫生和医疗保障制度,确保未成年人享有基本医疗、卫生保健服务。加强儿童早期发展服务,推动建立医疗机构对儿童视力、听力、肢体、智力残疾和儿童孤独症早期筛查、诊断、干预和政府康复救助衔接机制,深入开展重点地区儿童营养改善等项目。做好未成年人基本医疗保障工作,统筹基本医疗保险、大病保险、医疗救助三重制度,实施综合保障。鼓励有条件的地方研究将基本的治疗性康复辅助器具逐步纳入基本医疗保险支付范围。加强未成年人心理健康教育和服务。重视未成年人早期视力保护,加强综合防控儿童近视工作,及时预防和控制近视的发生与发展。加强中小学生睡眠管理工作,保证中小学生享有充足睡眠时间。切实加强未成年人肥胖防控工作。

20.推进婴幼儿照护服务。发展普惠托育服务体系,加大对社区婴幼儿照护服务支持力度。遵循婴幼儿发展规律,完善有关政策法规体系和标准规范,促进婴幼儿照护服务专业化、规范化建设。加强托育机构监督管理,做好卫生保健、备案登记等工作,积极构建综合监管体系。加快培养婴幼儿照护服务专业人才,大力开展职业培训,增强从业人员法治意识。切实强化和落实各方面责任,确保婴幼儿安全和健康。

21.加强和创新未成年人成长社会环境治理。构建未成年人成长社会环境治理联合执法机制,加大执法力度。落实未成年人入住旅馆、宾馆、酒店的核查与报告制度。加大对营业性歌舞娱乐场所、酒吧、互联网上网服务营业场所违规接待未成年人行为的处罚力度。落实密切接触未成年人行业违法犯罪信息准入查询制度。严格禁止向未成年人销售烟(含电子烟)、酒、彩票或者兑付彩票奖金。依法依规及时清理中小学校、幼儿园、托育机构周边设置的营业性娱乐场所、酒吧、互联网上网服务营业场所及烟(含电子烟)、酒、彩票销售网点。对部分儿童用品依法实施强制性产品认证管理,保障未成年人健康安全。加大互联网上涉及未成年人的重点应用服务的整治和查处力度,加强监管,督促企业切实落实针对未成年人保护的各项措施。督促中小学校、幼儿园、婴幼儿照护服务机构、线下教育培训机构、游乐园等未成年人集中活动场所落实安全主体责任。推进未成年人文身治理工作。做好未满十六周岁辍学学生劝返复学工作。加大对未成年人违法婚姻的治理力度,防止未成年人早婚早育现象。

(六)落实司法保护职责。

22.依法妥善办理涉未成年人案件。坚持"教育、感化、挽救"方针和"教育为主、惩罚为辅"原则,严格落实未成年人刑事案件特别程序,依法惩戒和精准帮教相结合,促进未成年人顺利回归社会。办理未成年人遭受性侵害或者暴力伤害案件,施行"一站式取证"保护机制。对于性侵害未成年人犯罪,公安、检察部门积极主动沟通,询问被害人同步录音录像全覆盖。对涉案未成年人实施必要的心理干预、经济救助、法律援助、转学安置等保护措施,积极引导专业社会工作者参与相关保护工作。

23. 加强少年法庭建设。深化涉未成年人案件综合审判改革,将与未成年人权益保护和犯罪预防关系密切的涉及未成年人的刑事、民事及行政诉讼案件纳入少年法庭收案范围。审理涉及未成年人的案件,从有利于未成年人健康成长的角度出发,推行社会调查、社会观护、心理疏导、司法救助、诉讼教育引导等制度,依法给予未成年人特殊、优先保护。加强未成年人法律援助,积极开展司法救助,及时帮扶司法过程中陷入困境的未成年人,充分体现司法的人文关怀。

24. 深化未成年人检察法律监督。依法对涉及未成年人的诉讼活动、未成年人重新犯罪预防工作等开展法律监督。及时对未尽到未成年人教育、管理、救助、看护等保护职责的有关单位提出建议。进一步加强涉及未成年人刑事、民事、行政、公益诉讼检察业务统一集中办理工作。开展未成年人刑事案件羁押必要性审查,对涉及未成年人刑事案件立案、侦查和审判活动,以及涉及未成年人民事诉讼、行政诉讼和执行活动进行监督。开展未成年人监管及未成年人社区矫正活动监督。加大对侵犯未成年人合法权益案件督促、支持相关组织和个人代为提起诉讼的力度,涉及公共利益的依法提起公益诉讼。推动未成年人司法保护协作机制和社会支持体系建设。

25. 严厉打击涉未成年人违法犯罪行为。依法严惩利用未成年人实施黑恶势力犯罪,对拉拢、胁迫未成年人参加有组织犯罪的,从严追诉、从重量刑。加强未成年人毒品预防教育,引导未成年人从小认清毒品危害,自觉抵制毒品。依法严厉惩治引诱、纵容未成年人从事吸贩毒活动的违法犯罪分子。落实《中国反对拐卖人口行动计划(2021－2030年)》,预防和惩治拐卖未成年人犯罪行为。预防和打击使用童工违法行为。依法查处生产、销售用于未成年人的假冒伪劣食品、药品、玩具、用具和相关设施设备违法犯罪行为。

三、保障措施

(一)加强组织领导。强化党委领导、政府负责、民政牵头、部门协同、社会参与的未成年人保护工作格局。推动各地党委和政府将未成年人保护工作纳入国民经济和社会发展规划及工作绩效评价。依法将未成年人保护工作纳入乡镇(街道)、村(社区)职责范围。将未成年人保护工作开展情况作为平安建设考核重要内容,落实落细文明城市、文明村镇、文明单位、文明家庭和文明校园创建中未成年人保护相关要求。制定实施《中国儿童发展纲要(2021-2030年)》。按有关规定组织开展未成年人保护工作表彰奖励,对有突出表现的给予表彰。

(二)加大工作保障。加强未成年人服务设施建设,建立和改善适合未成年人的活动场所和设施,支持公益性未成年人活动场所和设施的建设和运行。加强未成年人救助保护机构等场所服务设施设备建设。将未成年人保护工作相关经费纳入本级预算。将未成年人关爱服务纳入政府购买服务指导性目录,通过政府购买服务等方式引导社会工作专业服务机构、公益慈善类社会组织为留守儿童、困境儿童等特殊儿童群体提供专业服务。加强民政部本级和地方各级政府用于社会福利事业的彩票公益金对未成年人保护工作的支持。加强未成年人保护科学研究和人才培养。

(三)充实工作力量。充实基层未成年人保护工作力量,实现未成年人保护工作一线有机构负责、有专人办事、有经费保障。指导各地根据需要,通过整合相关编制资源、盘活编制存量、推动机构转型等方式加强未成年人救助保护机构建设,承担好需依法临时监护的未成年人收留、抚养等相关工作。指导乡镇(街道)设立未成年人保护工作站,及时办理未成年人保护相关事务。加强儿童督导员、儿童主任专业化建设,鼓励其考取社会工作职业资格。加强未成年人审判组织建设和审判专业化、队伍职业化建设。各级人民法院、人民检察院根据实际需要明确相应机构或者指定人员负责未成年人审判、检察工作。指导基层公安派出所加强未成年人保护工作,根据实际明确相关人员负责未成年人保护工作。

(四)深入宣传引导。深入开展未成年人保护工作和《中华人民共和国未成年人保护法》等法律法规的宣传教育,中央和地方有关新闻媒体可设置专栏,基层单位要充分利用所属网站、新媒体、宣传栏等平台,开展全方位、多角度、立体式宣传活动,贯彻落实《新时代爱国主义教育实施纲要》、《新时代公民道德建设实施纲要》,营造全社会关心支持未成年人保护工作的良好氛围。进一步规范新闻媒体对涉及未成年人相关热点事件的宣传报道,传播社会正能量。

(五)强化监督检查。加强对未成年人保护工作的监督检查,建立健全业务指导、督促检查和重大事项通报制度。各级未成年人保护工作协调机制设立专兼职相结合的未成年人权益督查专员,负责牵头对各地各部门开展未成年人保护工作情况进行督促检查,对存在的突出问题以及侵害未成年人权益的恶性案件、重大事件进行跟踪指导、挂牌督办、限时整改。

国家卫生健康委 中央政法委 中宣部 教育部 公安部 民政部 司法部 财政部 国家信访局 中国残联关于印发全国社会心理服务体系建设试点工作方案的通知

(2018年11月16日 国卫疾控发〔2018〕44号)

各省、自治区、直辖市及新疆生产建设兵团卫生健康委(卫生计生委)、政法委、宣传部、教育厅(委、局)、公安厅(局)、民政厅(局)、司法厅(局)、财政厅(局)、信访局(办)、残联:

为贯彻落实党的十九大提出的"加强社会心理服务体系建设,培育自尊自信、理性平和、积极向上的社会心态"的要求,通过试点工作探索社会心理服务模式和工作机制,我们制定了《全国社会心理服务体系建设试点工作方案》,现印发给你们。请各省(区、市)卫生健康行政部门、政法委牵头,会同有关部门严格按照试点工作方案要求,高度重视试点工作,将社会心理服务体系建设试点作为推进平安中国、健康中国建设的重要抓手,做好试点地区遴选论证,加强对试点工作的组织领导,认真指导试点地区做好试点实施方案编制、启动培训、试点任务组织实施等工作,定期对试点地区进行督导,确保按期完成试点任务。试点过程中的进展或问题,要及时向国家卫生健康委、中央政法委报告。

全国社会心理服务体系建设试点工作方案

为贯彻落实党的十九大提出的"加强社会心理服务体系建设,培育自尊自信、理性平和、积极向上的社会心态"的要求,努力建设更高水平的平安中国,推进国家治理体系和治理能力现代化,加快实施健康中国战略,促进公民身心健康,维护社会和谐稳定,通过试点工作探索社会心理服务模式和工作机制,制定本方案。

一、指导思想

全面贯彻党的十九大精神和党中央、国务院决策部署,深入学习贯彻习近平新时代中国特色社会主义思想,深刻认识领会我国社会主要矛盾的新变化,打造共建共治共享的社会治理格局,推动社会治理重心向基层下移,实现政府治理和社会调节、居民自治良性互动。按照《精神卫生法》《"健康中国2030"规划纲要》《关于加强心理健康服务的指导意见》等法律规划政策要求,坚持预防为主、突出重点、问题导向、注重实效的原则,强化党委政府领导和部门协作,建立健全服务网络,加强重点人群心理健康服务,探索社会心理服务疏导和危机干预规范管理措施,为全国社会心理服务体系建设积累经验。

二、工作目标

到2021年底,试点地区逐步建立健全社会心理服务体系,将心理健康服务融入社会治理体系、精神文明建设,融入平安中国、健康中国建设。建立健全党政领导、部门协同、社会参与的工作机制,搭建社会心理服务平台,将心理健康服务纳入健康城市评价指标体系,作为健康细胞工程(健康社区、健康学校、健康企业、健康家庭)和基层平安建设的重要内容,基本形成自尊自信、理性平和、积极向上的社会心态,因矛盾突出、生活失意、心态失衡、行为失常等导致的极端案(事)件明显下降。具体工作指标包括:

1. 依托村(社区)综治中心等场所,普遍设立心理咨询室或社会工作室,为村(社区)群众提供心理健康服务。以村(社区)为单位,心理咨询室或社会工作室建成率达80%以上。

2. 高等院校普遍设立心理健康教育与咨询中心(室),健全心理健康教育教师队伍。中小学设立心理辅导室,并配备专职或兼职教师,有条件的学校创建心理健康教育特色学校。

3. 各党政机关和厂矿、企事业单位、新经济组织等通过设立心理健康辅导室或购买服务等形式,为员工提供方便、可及的心理健康服务。

4. 100%精神专科医院设立心理门诊,40%二级以上综合医院开设心理门诊。培育发展一批社会心理服务专业机构,为大众提供专业化、规范化的心理健康服务。利用各种资源,建立24小时公益心理援助平台,组建心理危机干预队伍。

三、建立健全社会心理服务网络

(一)搭建基层心理服务平台。试点地区要按照《社会治安综合治理综治中心建设与管理规范》等要求,在县、乡、村三级综治中心或城乡社区综合服务设施规范设置心理咨询室或社会工作室。各乡镇卫生院(社区卫生服务中心)要安排符合心理健康服务要求的场所,为有需求的居民提供健康教育、答疑释惑、心理咨询等服务。基层综治中心要畅通群众诉求反映渠道,及时了解和掌握社会心理需求。充分发挥综治信息系统平台优势,建立社会心理服务电子档案,开展社会心态预测预警,定期开展分析研判和风险评估。及时发现和掌握有心理问题的高危人群及突发事件的苗头。在村(社区)党组织和有关部门的指导下,组织心理服务工作者、社会工作者、网格管理员、人民调解员、志愿者等,对居民摸排各类矛盾问题,及时疏导化解。利用老年活动中心、妇女之家、儿童之家、残疾人康复机构等公共服务设施,为空巢、丧偶、失独、留守老年人,孕产期、更年期和遭受意外伤害妇女,流动、留守和困境儿童、孤儿、残疾人及其家属等提供心理辅导、情绪疏解、家庭关系调适等心理健康服务。试点地区政法委、卫生健康、民政、公安等部门要建立健全基层综合管理小组,结合矛盾纠纷多元化解,完善流浪乞讨人员、公安监所被监管人员、服刑人员、社区矫正人员、刑满释放人员、强制隔离戒毒人员、社区戒毒社区康复人员、参加戒毒药物维持治疗人员和自愿戒毒人员等特殊人群心理沟通机制,做好矛盾突出、生活失意、心态失衡、行为失常人群及性格偏执人员的心理疏导和干预。制订个性化疏导方案,特殊人群个性化心理疏导的覆盖率达到60%以上。健全政府、社会、家庭"三位一体"的帮扶体系,加强人文关怀,促进社会融入,对有劳动能力者积极提供就业引导,提升其适应环境、重返社会的能力。

(二)完善教育系统心理服务网络。试点地区要进一步加强各级各类学校心理健康服务机构的建设力度。高等院校要完善心理健康教育与咨询中心(室)建设,按照师生比不少于1:4000配备心理专业教师,开设心理健康教育课程,开展心理辅导与咨询、危机干预等。中小学校设立心理辅导室,配备专(兼)职心理健康教育教师,培养学生积极乐观、健康向上的心理品质,促进学生身心可持续发展,积极创建心理健康教育特色学校。学前教育配备专(兼)职心理健康教育工作人员,开展以学前儿童家长为主的育儿心理健康教育,及时发现学前儿童心理健康问题。特殊教育机构要结合听力障碍、智力障碍等特殊学生身心特点开展心理健康教育,注重培养学生自尊、自信、自强、自立的心理品质。教育主管部门要将心理健康教育纳入当地教育事业发展规划和年度工作计划,统筹现有经费渠道,为教师和学生提供发展性心理辅导和心理支持。各级各类学校要建立以专职心理健康教育教师为核心,以班主任和兼职教师为骨干,全体教职员工共同参与的心理健康教育工作机制。在日常教育教学活动中融入适合学生特点的心理健康教育内容。要密切与村(社区)联动,及时了解遭受欺凌、校园暴力、家庭暴力、性侵犯以及沾染毒品等学生情况,并提供心理创伤干预。要创新和完善心理健康服务提供方式,通过"校社合作"引入社会工作服务机构或心理服务机构,为师生提供专业化、个性化的心理健康服务。要定期对教师开展心理评估,根据评估结果有针对性地开展教师心理疏导工作。

文明办协调各相关部门,在地市、县两级设立未成年人心理健康成长辅导中心,依托条件较好的心理咨询站点,整合区域内心理健康服务资源,面向未成年人开展心理健康知识普及与专业的心理咨询服务,对村(社区)、学校等基层心理咨询站点提供技术指导和培训。将未成年人心理健康成长辅导中心的建设纳入文明城市和未成年人思想道德建设测评考核范围。

(三)健全机关和企事业单位心理服务网络。鼓励规模较大、职工较多的党政机关和厂矿、企事业单位、新经济组织等依托本单位党团、工会、人力资源部门、卫生室,设立心理辅导室,建立心理健康服务团队;规模较小企业和单位可通过购买专业机构服务的形式,对员工提供心理健康服务。要广泛开展心理健康科普宣传,举办职场人际关系、情绪调节等方面公益讲座,提升员工心理健康意识,掌握情绪管理、压力管理等自我心理调适方法和抑郁、焦虑等常见心理行为问题的识别方法。通过员工心理测评、访谈等方式,及时对有心理问题的员工进行有针对性的干预,必要时联系专业医疗机构治疗。公安、司法行政、信访等部门要根据行业特点,在公安监管场所、监狱、刑满释放人员过渡性安置基地、社区戒毒社区康复工作办公室、司法所、社区矫正场所、救助管理站、信访接待场所等设立心理服务场所,配备一定数量的专业人员,成立危机干预专家组,对系统内人员和工作对象开展心理健康教育,普及心理健康知识,提供心理健康评估、心理咨询、危机干预等服务。

(四)规范发展社会心理服务机构。试点地区政法委、民政、卫生健康等有关部门要探索支持、引导、培育社会心理服务机构参与心理健康服务的政策措施,并研究制订管理、规范、监督、评估社会心理服务机构的相关措施,促进社会心理服务机构专业化、规范化发展。通过购买服务等形式,向各类机关、企事业单位和其他用人单位、基层组织及村(社区)群众提供心理咨询服务,逐步扩大服务覆盖面,并为弱势群体提供公益性服务。社会心理服务机构要加大服务技能和伦理道德的培训,提升对心理行为问题的服务能力和常见精神障碍的识别能力。

(五)提升医疗机构心理健康服务能力。试点地区卫生健康等部门要整合现有资源,支持省、地市、县三级精神卫生医疗机构提升心理健康服务能力。通过平安医院创建、等级医院评审等,推动综合医院普遍开设精神(心理)科,对躯体疾病就诊患者提供心理健康评估,为有心理行为问题者提供人文关怀、心理疏导等服务。精神卫生医疗机构要开设心理门诊,为患者提供药物治疗和心理治疗相结合的服务。妇幼保健机构要将心理健康服务融入孕前检查、孕产期保健、儿童保健、青春期保健、更年期保健等工作中。鼓励中医医疗机构开设中医心理等科室,支持中医医师在医疗机构提供中医心理健康诊疗、咨询和干预等服务。基层医疗卫生机构要加强与精神卫生医疗机构合作,结合家庭医生签约服务,开展抑郁、焦虑等常见精神障碍和心理行为问题科普宣传,对辖区居民开展心理健康评估,推广老年痴呆适宜防治技术。鼓励医疗卫生机构运用互联网等信息技术,拓展精神卫生和心理健康服务的空间和内容。鼓励医疗联合体通过互联网技术,实现医疗资源上下贯通、信息互通共享,便捷提供预约诊疗、双向转诊、远程医疗服务,提高服务质量。鼓励各级各类医疗机构培育医务社会工作者队伍,充分发挥其在医患沟通、心理疏导、社会支持等方面优势,强化医疗服务中的人文关怀。

(六)建立健全心理援助服务平台。依托精神卫生医疗机构或具备条件的社会服务机构、12320公共卫生公益热线或其他途径,通过热线、网络、APP、公众号等建立提供公益服务的心理援助平台。通过报纸、广播、电视、网络等多种形式宣传、扩大心理援助平台的社会影响力和利用率。将心理危机干预和心理援助纳入各类突发事件应急预案和技术方案,加强心理危机干预和援助队伍的专业化、系统化建设。在自然灾害等突发事件发生时,立即组织开展个体危机干预和群体危机管理,提供心理援助服务,及时处理急性应激反应,预防和减少极端行为发生。在事件善后和恢复重建过程中,对高危人群持续开展心理援助服务。

(七)健全心理健康科普宣传网络。试点地区卫生健康、宣传等部门要加强协作,健全包括传统媒体、新媒体在内的科普宣传网络,运用报纸、杂志、电台、电视台、互联网(门户网站、微信、微博、手机客户端等)等,广泛宣传"每个人是自己心理健康第一责任人""心身同健康"等健康意识和科普知识。积极组织开展心理健康进学校、进企业、进村(社区)、进机关等活动,开展心理健康公益讲座。在公共场所设立心理健康公益广告,各村(社区)健康教育活动室或社区卫生服务中心（站）向群众提供心理健康科普宣传资料。组织志愿者定期参加科普宣传、热线咨询等志愿服务。城市、农村普通人群心理健康核心知识知晓率达到50%以上。

（八）完善严重精神障碍患者服务工作机制。乡镇（街道）综治、卫生健康、公安、民政、残联等单位要建立健全精神卫生综合管理小组，多渠道开展严重精神障碍患者日常发现、登记报告、随访管理、危险性评估、服药指导、心理支持和疏导等服务，依法开展案（事）件处置，使在册患者规范管理率、在册患者治疗率、精神分裂症治疗率均达到80%以上。对病情不稳定的患者，要建立由村（社区）"两委"成员、网格员、精防医生、民警、民政专干、助残员、志愿者等基层人员组成的个案管理团队，对患者实施个案管理。做好医疗救助、疾病应急救助与基本医疗保险、城乡居民大病保险等制度的衔接，减轻贫困患者医疗费用负担。试点地区要率先落实民政部等4部门《关于加快精神障碍社区康复服务的意见》，开办多种形式的社区康复机构，使居家患者在社区参与康复率达到60%以上。试点地区基层医疗卫生机构要对50%以上居家患者及家属提供心理疏导服务。辖区所有精神卫生医疗机构建立家属学校（课堂），对患者家属开展护理教育等知识培训，对住院患者家属进行心理安慰、心理辅导；建立绿色通道，患者在社区康复期间病情复发的，可通过社区康复机构向医院快速转介。

四、加强心理服务人才队伍建设

（九）发展心理健康领域社会工作专业队伍。试点地区要探索鼓励和支持社会工作专业人员参与心理健康服务的政策措施，开发心理健康服务相关的社会工作岗位。对社会工作专业人员开展心理学和精神卫生知识的普及教育和培训，提高心理健康领域社会工作专业人员的职业素质和专业水平。按照《中共中央　国务院关于加强和完善城乡社区治理的意见》，建立社区、社会组织、社会工作者"三社联动"机制，充分发挥社会工作专业人员优势，通过政府购买服务等方式，支持其为社区居民有针对性地提供救助帮扶、心理疏导、精神慰藉、关系调适等服务，对严重精神障碍患者等特殊人群提供心理支持、社会融入等服务。

（十）培育心理咨询人员队伍。研究制订吸引心理学专业背景人员和经过培训的心理咨询人员从事心理健康服务的相关政策，设置相关工作岗位，提高心理健康服务的可及性。通过购买服务等形式，引导和支持心理咨询人员为公众提供心理健康教育与科普知识宣传，为有心理问题人群提供心理帮助、心理支持、心理教育等服务。同时，开展实践操作等方面的继续教育、专业培训,定期开展督导,提高心理咨询人员的专业化水平。

(十一)发展医疗机构心理健康服务队伍。试点地区卫生健康部门要引进心理学、社会工作专业人才,增加心理健康服务专业人员。通过精神科专业住院医师规范化培训、精神科医师转岗培训等,提升精神科医师数量和服务水平。综合医院(含中医院)要通过培训、继续教育等形式,对全体医务人员进行临床心理知识培训,对常见心理行为问题和精神障碍进行识别和转诊。加强基层医疗卫生机构临床医师心理健康服务知识和技能培训,提高临床医师常见心理行为问题和精神障碍早期识别能力。精神科医师、心理治疗师对心理咨询师、社会工作者等给予技术指导,对常见精神障碍和心理行为问题进行治疗和心理干预等。

(十二)组建心理健康服务志愿者队伍。试点地区政法委、民政、卫生健康等部门向社会广泛招募心理健康服务志愿者,探索支持引导志愿者参与心理健康服务的政策,鼓励和规范心理健康志愿服务的发展。要对志愿者开展心理健康相关培训,健全奖励表彰机制,支持其开展科普宣传、心理支持、心理疏导等志愿服务。特别是鼓励和引导医务人员、高校心理教师、心理专业学生等加入心理服务志愿者队伍。

(十三)健全行业组织并加强管理。试点地区卫生健康、政法委、教育、民政等有关部门,要整合辖区社会心理服务资源,完善社会心理服务行业组织。指导心理服务行业组织加强能力建设,有序开展心理服务机构和人员摸底调查、行业服务规范制订和实施、专业培训和继续教育、督导等工作,要求心理服务专业人员严格遵守保密原则和伦理规范。有关部门在试点过程中要注意将有关资料立卷归档,妥善保管。加强心理健康数据安全的保护意识,建立健全数据安全保护机制,防范因违反伦理、安全意识不足等造成的信息泄露,保护个人隐私。发挥社会心理服务行业组织的枢纽作用,建立心理健康机构、社会心理服务机构、学校心理咨询中心、精神卫生医疗机构、社会工作服务机构、心理健康志愿组织的合作机制,形成连续性的服务链条,实现共同发展。研究制订心理服务机构和人员登记、评价等工作制度,对承接政府购买服务和享受财政资金资助的社会心理服务机构进行考核评价,逐步将机构服务数量、质量等评价结果向社会公开。

五、保障措施

(十四)加强组织领导。各试点地区要将社会心理服务体系建设作为平安中国、健康中国、文明城市建设的重要内容,纳入当地经济和社会发展规划,并作为政府目标管理和绩效考核内容,制订试点实施方案和年度工作计划。结合本地实际,在完成国家要求的基础上,有针对性制订自选工作目标和任务,并做好组织实施。各试点地区要建立健全由党政负责同志任组长的社会心理服务体系建设工作领导小组,下设办公室,政法委、卫生健康、宣传、教育、公安、民政、司法行政、财政、信访、残联等部门参与,明确成员单位职责。定期召开领导小组会议,协调解决试点工作重点难点问题。卫生健康行政部门、政法委要协调相关部门做好试点工作,牵头成立跨部门、跨行业的专家委员会,为试点工作提供技术支持和指导。政法委要将社会心理服务疏导和危机干预纳入平安建设考评内容。卫生健康部门要对试点工作提供技术支持。政法委、卫生健康、宣传、教育、公安、民政、司法行政、财政、信访、残联等部门加强部门间交流合作与信息共享。各行业各部门要加强对本行业心理健康服务的领导,开展相关人员的培训和继续教育。各地要将心理健康教育作为各级各类领导干部教育培训的重要内容,纳入当地党校、行政学院培训。

各省级卫生健康行政部门、政法委要协调宣传、教育、公安、民政、司法行政、财政、信访、残联等部门,负责本省份试点地区遴选、论证、技术指导、督导检查等工作,及时汇总、上报工作信息。

国家卫生健康委和中央政法委负责试点工作的总体协调,会同有关部门制订试点方案,组织开展培训、技术指导、督导检查、经验交流、考核评估等。

(十五)加强政策扶持。研究制订体现心理健康服务技术劳务价值的相关政策措施,增加岗位吸引力,调动心理健康服务工作人员的积极性。通过政策引导和项目支持,培育发展医疗机构、社会心理服务机构和心理健康志愿组织,为公众提供专业化、规范化服务。创新心理健康服务模式,建立心理健康服务网站、心理自助平台、移动心理服务应用程序等,通过网络平台向不同人群提供针对性服务。试点地区民政、卫生健康、政法委等部门根据居民需求,确定适宜社会组织参与的项目,引导社会组织有序参与科普宣传、心理疏导等服务。将心理健康相关机构纳入社会组织孵化基地建设,培育发展一批以心理健康服务为工作重点的社会组织。

(十六)加强经费保障。统筹利用现有资金渠道支持开展试点工作。试点地区对社会心理服务体系建设给予必要的经费保障。鼓励试点地区建立多元化资金筹措机制,积极开拓公益性服务的筹资渠道,探索社会资本投入心理健康服务领域的政策措施,探索加强社会心理服务体系建设的保障政策和激励措施,推动各项任务有效落实。

(十七)强化督导评估。各省级卫生健康行政部门、政法委要会同有关部门,定期对本省份试点情况进行督导。国家卫生健康委、中央政法委将会同有关部门每年抽查试点工作,对于工作完成差、地方政府重视不足、未按照国家财政有关规定使用经费的,要求限期整改。

国家卫生健康委、中央政法委将会同有关部门制订试点工作评估方案。2021年底前,各省级卫生健康行政部门、政法委要对本省份试点工作进行评估,并将评估结果报国家卫生健康委。国家卫生健康委、中央政法委将适时会同有关部门对全国试点工作进行评估。

附件:1.全国社会心理服务体系建设试点申报要求
2.全国社会心理服务体系建设试点实施方案编制提纲

附件1

全国社会心理服务体系建设试点申报要求

一、试点申报条件

(一)试点地区应当具备多部门综合管理工作机制和开展社会心理服务的工作基础。

(二)试点地区党委政府高度重视,承诺在经费支持、政策优惠、机制创新等方面给予保障。

二、试点地区数量

各省、自治区至少选择1个设区市,各直辖市以城区为基础,尽可能覆盖区县。

三、申报程序

采取地市级申报、省级遴选确定、国家备案的形式。

地市级卫生健康行政部门、政法委按照要求,商宣传、教育、公安、民政、司法行政、财政、信访、残联等部门,参照提纲(见附件2)制订试点实施方案,经本级人民政府同意后,向省级卫生健康部门、政法委提出申请。

省级卫生健康行政部门、政法委会同有关部门和专家,对申请地区实施方案进行论证,确定本省份试点地区,报国家卫生健康委和中央政法委备案。各省份在遴选试点地区时,应当考虑与精神卫生综合管理试点工作的衔接,在确保原试点工作持续推进的前提下,适当扩大试点范围。

四、时限要求

各省级卫生健康行政部门、政法委应当于 2018 年 12 月底前提交申请试点的备案材料。

附件2

全国社会心理服务体系建设试点实施方案编制提纲

一、基本情况

包括人口数、所辖县(区、市)、乡镇(街道)、行政村(社区)数量。经济情况,精神卫生(心理健康)机构和人员情况。

二、工作基础

(一)组织领导。

(二)具体工作措施、经验、特色。

(三)急需解决的问题。

三、工作计划

(一)目标。

(二)策略与措施。

(三)组织实施。

(四)督导评估。

四、保障措施

含经费支持、政策优惠、机制创新等。

民政部关于大力培育发展
社区社会组织的意见

(2017年12月27日 民发〔2017〕191号)

各省、自治区、直辖市民政厅(局),各计划单列市民政局,新疆生产建设兵团民政局:

社区社会组织是由社区居民发起成立,在城乡社区开展为民服务、公益慈善、邻里互助、文体娱乐和农村生产技术服务等活动的社会组织。培育发展社区社会组织,对加强社区治理体系建设、推动社会治理重心向基层下移、打造共建共治共享的社会治理格局,具有重要作用。为贯彻落实党的十九大关于"加强和创新社会治理"的精神,根据中央有关文件要求,现就大力培育发展社区社会组织提出如下意见。

一、培育发展社区社会组织的总体要求

深入学习贯彻党的十九大精神,以习近平新时代中国特色社会主义思想为指导,认真落实党中央、国务院关于大力培育发展社区社会组织的部署要求,以满足群众需求为导向,以鼓励扶持为重点,以能力提升为基础,引导社区社会组织健康有序发展,充分发挥社区社会组织提供服务、反映诉求、规范行为的积极作用。力争到2020年,社区社会组织培育发展初见成效,实现城市社区平均拥有不少于10个社区社会组织,农村社区平均拥有不少于5个社区社会组织。再过5到10年,社区社会组织管理制度更加健全,支持措施更加完备,整体发展更加有序,作用发挥更加明显,成为创新基层社会治理的有力支撑。

二、充分发挥社区社会组织的积极作用

(一)提供社区服务。支持社区社会组织承接社区公共服务项目。推动家庭服务、健康服务、养老服务、育幼服务等领域的社区社会组织主动融入城乡社区便民利民服务网络,为社区居民提供多种形式的生活服务。鼓励社区社会组织多为社区内低保对象、特困人员、空巢老人、农村留守人员、困境儿童、残疾人等困难群体提供生活照料、文体娱乐、医疗保健等志愿服务。支持社会工作服务机构面向社区提供心理疏导、人文关怀、精神慰藉和心理健康等专业服务。引导农村社区社会组织发扬邻里互助的传统,开展以生产互助、养老互助、救助互助为主的活动,增强农村居民自我服务能力。

(二)扩大居民参与。发挥社区社会组织扎根社区、贴近群众的优势,广泛动员社区居民参与社区公共事务和公益事业。引导社区社会组织在基层党组织领导下,协助基层群众性自治组织推动社区居民有序参与基层群众自治实践,依法开展自我管理、自我服务、自我教育、自我监督等活动。引导社区居民在参与社区社会组织活动过程中有序表达利益诉求,养成协商意识、掌握协商方法、提高协商能力,协商解决涉及城乡社区公共利益的重大事项、关乎居民切身利益的实际问题和矛盾纠纷。鼓励社区社会组织参与制定自治章程、居民公约和村规民约,拓展流动人口有序参与居住地社区治理渠道,促进流动人口社区融入。

(三)培育社区文化。发挥社区社会组织在完善社区公共文化服务体系中的积极作用,丰富群众性文化活动,提升社区居民生活品质。指导社区社会组织在组织开展文化、教育、体育、科普、娱乐、慈善等社区居民活动中积极培育和践行社会主义核心价值观,倡导移风易俗,弘扬时代新风。鼓励社区社会组织参与社区楷模、文明家庭等各种社区创建活动,弘扬优秀传统文化,维护公序良俗,形成向上向善、孝老爱亲、与邻为善、守望互助的良好社区氛围,增强居民群众的社区认同感、归属感、责任感和荣誉感。

(四)促进社区和谐。发挥社区社会组织在源头治理方面的积极作用,协助提升社区矛盾预防化解能力。支持社区社会组织参与物业纠纷、农村土地承包经营纠纷、家庭纠纷、邻里纠纷调解和信访化解。指导社区社会组织参与群防群治,协助做好社区矫正、社区戒毒、刑满释放人员帮扶、社区防灾减灾、精神障碍社区康复等工作,积极参与平安社区建设,助力社区治安综合治理。

三、加大对社区社会组织的培育扶持力度

(一)实施分类管理。符合法定登记条件的社区社会组织,可以到所在地县级民政部门申请登记,其中符合直接登记条件的可以直接提出申请。民政部门要通过简化登记程序、提高审核效率、结合社区社会组织特点制定章程范本等方式优化登记服务。落实中央有关文件要求,对未达到登记条件的社区社会组织,按照不同规模、业务范围、成员构成和服务对象,由街道办事处(乡镇政府)实施管理,加强分类指导和业务指导;对规模较小、组织较为松散

的社区社会组织,由社区党组织领导,基层群众性自治组织对其活动进行指导和管理。

(二)明确发展重点。加快发展生活服务类、公益慈善类和居民互助类社区社会组织。重点培育为老年人、妇女、儿童、残疾人、失业人员、农民工、服刑人员或强制戒毒等受限制自由人员的未成年子女、困难家庭、严重精神障碍患者、有不良行为青少年、社区矫正人员等特定群体服务的社区社会组织。鼓励支持有条件的社区社会组织吸纳社会工作专业人才,发挥"三社联动"优势。加快农村社区社会组织发展,引导它们有序参与乡村治理体系建设,在脱贫攻坚、就业创业、生产互助、卫生健康、文化体育、社会治安、纠纷调解、生活救助、减灾救灾、留守人员关爱等方面发挥作用。支持高校毕业生、复转军人和返乡创业农民工创建农村社区社会组织或到农村社区社会组织中就业。

(三)加大扶持力度。要协调有关部门加大对社区社会组织发展的资金支持,鼓励引导社会资金支持社区社会组织发展,推动建立多元化、制度化的资金保障机制。推动基层政府将城乡社区服务纳入政府购买服务指导目录,逐步扩大购买范围和规模,支持社区社会组织承接相关服务项目。中央财政支持社会组织参与社会服务项目将加大对社区服务类社会组织的支持力度。民政部门彩票公益金支持资助社区社会组织开展扶老、助残、救孤、济困等服务项目。鼓励有条件的地方设立社区发展基金会,为城乡社区治理募集资金,为其他社区社会组织提供资助。鼓励有条件的基层群众性自治组织对社区社会组织开展的公益慈善类服务活动给予一定经费和服务场地支持。推动政府资金、社会资金等资金资源向农村社区社会组织和服务项目倾斜。依托街道(乡镇)社区服务中心、城乡社区服务站等设施,建立社区社会组织综合服务平台,鼓励将闲置的宾馆、办公用房、福利设施等国有或集体所有资产,通过无偿使用等优惠方式提供给社区社会组织开展公益活动。有条件的地方可探索设立孵化培育资金,建设孵化基地,为初创的社区社会组织提供公益创投、补贴奖励、活动场地、费用减免等支持。

(四)促进能力提升。加强社区社会组织人才培养,通过强化业务培训、引导参加相关职业资格考试等措施,着力培养一批热心社区事务、熟悉社会组织运作、具备专业服务能力的社区社会组织负责人和业务骨干。推动建立专业社会工作者与社区社会组织联系协作机制,发挥专业支撑作用,提升社区社会组织服务水平。强化社区社会组织项目开发能力,通过开展社区服务项目交流会、公益创投大赛等方式,指导社区社会组织树立项目意识,提升需求发现、项目设计、项目运作水平。推进社区社会组织品牌建设,引导优秀社区社会组织完善自身发展规划和品牌塑造,加强公益活动宣传,提高品牌辨识度和社会知晓度。指导社区社会组织规范资金使用和活动开展,强化决策公开和运作透明,不断提升服务绩效和社会公信力。

四、加强对社区社会组织的管理服务

(一)加强党的领导。按照《中共中央 国务院关于加强和完善城乡社区治理的意见》要求,推动街道(乡镇)党(工)委和城乡社区党组织加强对社区社会组织各项工作的领导,确保社区社会组织全面贯彻落实党的路线方针政策和决策部署,沿着正确方向发展。推动建立城乡社区党组织与社区社会组织定期联系制度,组织和协调社区社会组织参与城乡社区共驻共建活动。鼓励社区党员担任社区社会组织负责人,把符合条件的社区社会组织骨干培养发展为党员,把社区社会组织中的优秀党员吸收到城乡社区党组织领导班子中。社区社会组织要认真落实《中共中央办公厅印发〈关于加强社会组织党的建设工作的意见(试行)〉的通知》要求,在城乡社区党组织的指导下加强自身党的建设工作,推进党的组织和工作有效覆盖。社区社会组织党组织应当结合自身特点开展党组织活动,在业务活动中宣传党的主张,贯彻党的决定,团结动员社区群众,严格落实"三会一课"等制度,做好党员的教育、管理和监督,引导党员发挥先锋模范作用。

(二)加强工作指导。各级民政部门要依法加强已登记的社区社会组织日常活动、负责人、资金往来、信息公开等方面的管理,通过抽查、评估、培训等方式,指导其强化自律诚信和守法意识,按照章程规定健全组织机构,完善运行机制,建立管理制度,强化组织人员、重大活动、收费标准等信息公开,自觉接受监督。指导街道办事处(乡镇政府)、基层群众性自治组织做好未达到登记条件的社区社会组织的培育扶持、服务指导等工作,指导社区社会组织建立必要的活动制度和服务规范,自觉践行服务社区、服务居民的宗旨,对于存在问题的组织及时提醒和帮助纠正。鼓励在街道(乡镇)成立社区社会组织联合会、社区社会组织服务中心等枢纽型社会组织,发挥管理服务协调作用,规范社区社会组织行为,提供资源支持、承接项目、代管资金、人员培训等服务。

(三)做好组织宣传。各级民政部门要在深入学习贯彻党的十九大精神过程中,进一步深化对培育发展社区社会组织工作重要意义的认识,积极争取党委和政府的重视与支持,推动将社区社会组织发展和管理工作纳入基层政府绩效考核内容和社会治安综合治理考评体系。科学制定社区社会组发展规划、扶持措施、管理制度,加大部门协调力度,完善工作运行机制,形成各部门共同支持社区社会组织发展的工作格局。发挥先进典型的示范引领作用,及时归纳总结发展社区社会组织的先进经验,加大对社区社会组织优秀典型、先进事迹的表扬、奖励和宣传,营造关心、支持社区社会组织发展的良好社会氛围。

民政部 财政部关于政府购买社会工作服务的指导意见

(2012年11月14日 民发〔2012〕196号)

各省、自治区、直辖市民政厅(局)、财政厅(局),各计划单列市民政局、财政局,新疆生产建设兵团民政局、财务局:

为建立健全政府购买社会工作服务制度,加快推进社会工作专业人才队伍建设,加强以保障和改善民生为重点的社会建设,根据《国家中长期人才发展规划纲要(2010—2020年)》(中发〔2010〕6号)、《国家基本公共服务体系"十二五"规划》(国发〔2012〕29号)、《关于加强社会工作专业人才队伍建设的意见》(中组发〔2011〕25号)和《中华人民共和国政府采购法》要求,现就政府购买社会工作服务提出如下意见:

一、充分认识政府购买社会工作服务的重要性与紧迫性

社会工作服务是社会工作专业人才运用专业方法为有需要的人群提供的包括困难救助、矛盾调处、人文关怀、心理疏导、行为矫治、关系调适、资源协调、社会功能修复和促进个人与环境适应等在内的专业服务,是现代社会服务体系的重要组成部分。政府购买社会工作服务,是政府利用财政资金,采取市场化、契约化方式,面向具有专业资质的社会组织和企事业单位购买社会工作服务的一项重要制度安排。建立健全政府购买社会工作服务制度,深入推进政府购买社会工作服务,是加强社会工作专业人才队伍建设、促进民办社会工作服务机构发展的内在要求;是创新公共财政投入方式、拓宽公共财政支持范围、提高公共财政投入效益的重要举措;是改进现代社会管理服务方式、丰富现代社会管理服务主体、完善现代社会管理服务体系的客观需要;对于加快政府职能转变、建设服务型政府、有效满足人民群众不断增长的个性化、多样化社会服务需求,具有十分重要的意义。

近年来,不少地方围绕政府购买社会工作服务政策制度、体制机制、方式方法等进行了一系列实践探索,在拓宽服务领域、深化服务内涵、提高服务质量、满足社会需求等方面取得了重要成果。但从整体上看,我国政府购买社会工作服务还存在着政策制度不健全、体制机制不完善、规模范围较小等问题,与中央加快构建现代社会服务体系、增强民生保障能力、加强和创新社会管理的目标要求和人民群众不断增长的社会服务需求相比尚有较大差距。各级民政和财政部门要切实增强责任感和紧迫感,充分总结借鉴国内外政府购买社会工作服务实践经验,以改革创新精神,采取更加有力措施,加快推进政府购买社会工作服务。

二、政府购买社会工作服务的指导思想、工作原则和主要目标

(一)指导思想。以中国特色社会主义理论体系为指导,大力推进公共财政改革,以满足人民群众服务需求、保障和改善基本民生为根本出发点,以建立健全政策制度、完善体制机制为着力点,以培养使用社会工作专业人才队伍、扶持发展民办社会工作服务机构为基础,深入推进政府购买社会工作服务,为进一步完善现代社会服务体系、深化公共财政体制改革、促进社会事业健康发展提供有力保障。

(二)工作原则。坚持立足需求、量力而为,从人民群众最基本、最紧迫的需求出发设计、实施社会工作服务项目,用人民群众社会服务需求是否得到有效满足作为检验政府购买社会工作服务的重要标准;通过以点带面、点上突破、面上推广方式,以城市流动人口、农村留守人员、困难群体、特殊人群和受灾群众为重点,有计划、有步骤地开展政府购买社会工作服务,逐步拓展政府购买的领域和范围。坚持政府主导、突出公益,加强对政府购买社会工作服务的组织领导、政策支持、财政投入和监督管理,充分尊重市场主体地位,发挥市场机制在配置社会服务资源中的基础性作用,通过公开透明、竞争择优方式选择服务提供机构;引导服务提供机构按照公益导向原则组织实施社会工作服务项目。坚持鼓励创新、强化实效,立足各地经济社会发展实际,充分借鉴国内外有益经验,创新政府购买社会工作服务的体制机制,改进政府购买社会工作服务的方式方法,建立健全具有中国特色的政府购买社会工作服务制度;切实加强绩效管理,降低服务成本,提高服务效率,增强政府购买社会工作服务的针对性和有效性。

(三)主要目标。建立健全政府购买社会工作服务政策制度,建立完善的社会工作服务标准体系,形成协调有力的政府购买社会工作服务管理体制以及规范高效的工作机制;加大财政投入力度,逐步拓宽政府购买社会工作服务范围、扩大政府购买社会工作服务规模、提升政府购买社会工作服务质量;加快培养一支高素质的社会工作专业人才队伍,发展一批数量充足、治理科

学、服务专业、作用明显的社会工作服务机构,提高其承接政府购买社会工作服务的能力,使社会工作服务的范围、数量、规模和质量适应经济社会发展要求,有效满足人民群众个性化、多样化、专业化服务需求。

三、政府购买社会工作服务的主体、对象、范围、程序与监督管理

(一)购买主体。各级政府是购买社会工作服务的主体。各级民政部门具体负责本级政府购买社会工作服务的统筹规划、组织实施和绩效评估;各级财政部门具体负责本级政府购买社会工作服务规划计划审核、经费安排与监督管理;各有关部门和群团组织负责本系统、本行业社会工作服务需求评估,向同级民政部门申报社会工作服务计划并具体实施。

(二)购买对象。政府购买社会工作服务的对象主要为具有独立法人资格,拥有一支能够熟练掌握和灵活运用社会工作知识、方法和技能的专业团队,具备完善的内部治理结构、健全的规章制度、良好的社会公信力以及较强的公益项目运营管理和社会工作专业服务能力的社会团体、民办非企业单位和基金会。具备相应能力和条件的企事业单位可承接政府购买社会工作服务。

(三)购买范围。按照"受益广泛、群众急需、服务专业"原则,重点围绕城市流动人口、农村留守人员、困难群体、特殊人群和受灾群众的个性化、多样化社会服务需求,组织开展政府购买社会工作服务。实施城市流动人口社会融入计划,为流动人口提供生活扶助、就业援助、生计发展、权益维护等服务,帮助其尽快融入城市生活,实现城市户籍居民与外来经商务工人员的和谐共处。实施农村留守人员社会保护计划,帮助农村留守儿童、妇女和老人缓解生活困难,构建完善的社会保护与支持网络。实施老年人、残疾人社会照顾计划,为老年人和残疾人提供生活照料、精神慰藉、社会参与、代际沟通等服务,构建系统化、人性化、专业化的养老助残服务机制。实施特殊群体社会关爱计划,帮助药物滥用人员、有不良行为青少年、艾滋病患者、精神病患者、流浪乞讨人员、社区矫正人员、服刑人员、刑释解教人员等特殊人群纠正行为偏差、缓解生活困难、疏导心理情绪、改善家庭和社区关系、恢复和发展社会功能。实施受灾群众生活重建计划,围绕各类受灾群众的经济、社会、心理需要,开展生活救助、心理疏导、社区重建、资源链接、生计项目开发等社会工作专业服务,帮助受灾群众重树生活信心、修复社会关系、恢复生产生活。

(四)购买程序。一是编制预算。民政部门根据本地经济社会发展水平和财力状况,协调有关部门和群团组织切实做好人民群众尤其是困难群体、特殊人群社会服务需求的摸底调查与分析评估,核算服务成本,提出政府购

买社会工作服务的数量、规模、质量与效果目标要求,科学编制年度社会工作服务项目预算并报同级财政部门审批。二是组织购买。购买社会工作服务,原则上应通过公开招标方式进行。对只能从有限范围服务机构购买,或因技术复杂、性质特殊而不能确定具体服务要求、不能事先计算出价格总额的社会工作服务项目,经同级财政部门批准,可以采用邀请招标、竞争性谈判方式购买。对只能从唯一服务提供机构购买的,向社会公示并经同级财政部门批准后,可以采取单一来源采购方式组织采购。政府购买社会工作服务的组织实施,必须符合《中华人民共和国政府采购法》以及相关法律法规和部门规章要求。三是签订合同。民政部门要按照合同管理要求,与服务提供机构订立购买服务合同,明确购买服务的范围、数量、质量要求以及服务期限、资金支付方式、违约责任等内容。四是指导实施。财政和民政部门要及时下拨购买经费,指导、督促服务承接机构严格履行合同义务,按时完成服务项目任务,保证服务数量、质量和效果。

(五)监督管理。建立健全政府购买社会工作服务监督管理制度,形成完善的社会工作服务项目购买文件档案,制定具体、详实、严格的专业服务、资金管理及效果评价等方面指导标准。切实加强过程监管,按照政府购买社会工作服务合同要求,对专业服务过程、任务完成和资金使用情况等进行督促检查。建立由购买方、服务对象及第三方组成的综合性评审机制,及时组织对已完成社会工作服务项目的结项验收。积极推进第三方评估,发挥专业评估机构、行业管理组织、专家等方面作用,对服务机构承担的项目管理、服务成效、经费使用等内容进行综合考评。坚持过程评估与结果评估、短期效果评估与长远效果评估、社会效益评估与经济效益评估相结合,确保评估工作的全面性、客观性和科学性。将考评结果与后续政府购买服务挂钩,对考评合格者,继续支持开展购买服务合作;对考评不合格者,提出整改意见,并取消一定时期内承接政府购买社会工作服务资格;情节严重者,依法依约追究有关责任。建立社会工作服务提供机构征信管理制度。

四、加强对政府购买社会工作服务的组织领导

(一)建立健全领导体制和工作机制。各有关部门要将政府购买社会工作服务提上重要议事日程,纳入基本公共服务发展规划。适应社会工作分布广泛、高度分散的特点,建立健全以民政和财政部门为主导、各有关部门密切配合、社会力量广泛参与的工作机制。各省级民政和财政部门要根据本指导意见,抓紧制定具体实施办法。加强社会工作行业组织建设,发挥其在推动政府购买社会工作服务中的积极作用。

(二)建立健全政府购买社会工作服务制度。适时制定政府购买社会工作服务管理办法。将政府购买社会工作服务要求纳入社会工作专业人才队伍建设、民办社会工作服务机构发展以及政府采购、公共财政投入等方面法规政策和部门规章制修订范围。围绕社会工作服务流程、专业方法、质量控制、监督管理、需求评估、成本核算、招投标管理、绩效考核、能力建设等环节,加快相关标准研制步伐,逐步建立科学合理、协调配套的社会工作管理服务标准体系,为政府购买社会工作服务提供有力技术保障。

(三)培育发展社会工作服务载体。在充分发挥现有相关社会组织和企事业单位作用基础上,通过完善管理体制、适当放宽准入条件和简化登记程序等措施,鼓励社会工作专业人才创办民办社会工作服务机构。采取财政资助、落实税收优惠政策、提供办公场所等方式支持处于起步阶段、具有发展潜力的民办社会工作服务机构发展。引导民办社会工作服务机构完善内部治理结构,健全规章制度,加强管理服务队伍建设,提升资源整合、项目管理和社会工作服务水平,增强承接政府购买社会工作服务的能力。建立健全民办社会工作服务机构信息公开制度,着力提高其社会公信力。培育发展一批社会工作专业能力建设与评估咨询机构,为更好开展政府购买社会工作服务提供专业支持。

(四)加大政府购买社会工作服务经费投入。各级财政要将政府购买社会工作服务经费列入财政预算,逐步加大财政投入力度,扩大政府购买社会工作服务范围和规模,带动建立多元化社会工作服务投入机制。探索建立社会工作服务项目库,实现项目库管理与预算编制的有机衔接。从民政部门留用的彩票公益金中安排资金,用于购买社会工作服务。鼓励社会资金支持购买社会工作服务。严格资金管理,确保资金使用安全规范、科学有效。中央财政安排专项资金,支持社会组织参与社会工作服务,引导社会工作专业人才为困难群体、特殊人群以及中西部地区和老少边穷地区提供专业服务。

(五)加强政府购买社会工作服务宣传交流。积极发挥各类新闻媒体作用,加强对政府购买社会工作服务的宣传。定期组织开展优秀社会工作服务项目和民办社会工作服务机构评选,调动社会力量参与社会工作服务的积极性,增强社会各界对政府购买社会工作服务的认同与支持。建立健全政府购买社会工作服务信息管理平台,依托信息网络技术,开展需求调查、计划发布、项目管理、政策宣传、信息公开等工作,提升政府购买社会工作服务管理水平。定期举办社会工作宣传周、项目推介会、展示会、公益创投等活动,为民办社会工作服务机构交流经验、推广项目、争取资源创造条件。

五、业务规范、标准

社区矫正术语

(2019年9月30日 中华人民共和国司法行政行业标准 SF/T 0055—2019)

目　次

前言 ·· 221
1 范围 ·· 222
2 基础术语 ·· 222
3 业务术语 ·· 224
4 统计与评价指标术语 ·· 228
5 信息化术语 ·· 229
6 社区矫正相关机构与装备简称 ·· 231
参考文献 ·· 233
索引 ·· 233

前　言

本标准按照GB/T 1.1—2009给出的规则起草。

请注意本文件的某些内容可能涉及专利。本文件的发布机构不承担识别这些专利的责任。

本标准由中华人民共和国司法部提出。

本标准由司法部信息中心归口。

本标准起草单位：司法部社区矫正管理局、上海市社区矫正管理局。

社区矫正术语

1 范围

本标准规定了社区矫正领域常用的基础术语、业务术语、统计与评价指标术语、信息化术语和社区矫正相关机构与装备简称。

本标准适用于社区矫正业务管理与应用以及社区矫正信息化相关系统的规划、设计、建设与运维。

2 基础术语

2.1

社区矫正 community-corrections

将符合法定条件的罪犯置于社区内,由社区矫正机构在有关部门、社会组织和志愿者的协助下,在判决、裁定或决定确定的期限内,矫正其犯罪心理和行为恶习的非监禁刑罚执行活动。

注:引自2012年3月1日实施的最高人民法院、最高人民检察院、公安部、司法部《社区矫正实施办法》第三条。

2.2

社区矫正决定机关 community-corrections ruling authority

依法判处罪犯管制、宣告缓刑、裁定假释和决定暂予监外执行的人民法院和依法批准罪犯暂予监外执行的监狱管理机关、公安机关。

2.3

社区矫正机构 community-corrections institution

刑事诉讼法规定的社区矫正的执行机关。

注:社区矫正机构由县级以上地方人民政府根据需要设置。

2.4

社区矫正委员会 community-corrections committee

矫委会 correction committee

由乡镇以上地方人民政府依法设立,负责组织、协调和指导本行政区域内社区矫正工作的议事协调机构。

2.5

社区矫正中心 community-corrections center

社矫中心 correction center

社区矫正机构根据工作需要,为组织实施社区矫正各项工作而建立的承担监督管理、教育矫正、适应性帮扶、应急处置等功能的专门执法场所和工作平台。

2.6

社区矫正对象 community-corrections subject

社矫对象 subject

被判处管制、宣告缓刑、假释或者暂予监外执行的罪犯。

2.7

未成年社区矫正对象 juvenile community-corrections subject

未成年对象 juvenile

犯罪时不满十八周岁的社区矫正对象。

2.8

重点社区矫正对象 community-corrections key subject

经评估需要重点监管的社区矫正对象。

2.9

社区矫正机构工作人员 community-corrections institution staff

社矫工作人员 institution staff

具备法律等专业知识,履行监督管理等执法职责,专职从事社区矫正工作的国家工作人员。

2.10

社区矫正社会工作者 community-corrections social worker

社工 social worker

具有社会工作专业知识和技能,在社区矫正机构组织下,协助开展社区矫正工作的人员。

2.11

社区矫正志愿者 community-corrections volunteer

志愿者 volunteer

具有一定专业技能,在社区矫正机构组织下,自愿为社区矫正工作开展提供无偿服务的社会人员。

3 业务术语

3.1

居住地 place of residence

社区矫正对象固定、合法的住所所在地的县(市、区、旗)。

3.2

执行地 place of enforcement

由社区矫正决定机关核实并确定的社区矫正对象的居住地。

3.3

居住地核实 residency verification

根据社区矫正决定机关的委托,社区矫正机构对被告人或者罪犯的居住地进行实地核实确认,提交委托机关的活动。

3.4

调查评估 investigation and evaluation

根据社区矫正决定机关的委托,社区矫正机构对被告人或者罪犯的社会危险性和对所居住社区的影响进行调查,形成评估报告提交委托机关的执法活动。

3.5

社区矫正接收 community-corrections reception

社区矫正机构依据生效的法律文书对社区矫正对象开展的核对法律文书、核实身份、办理接收登记和建立档案等一系列的执法活动。

3.6

入矫宣告 community-corrections reception announcement

社区矫正机构接收社区矫正对象后,在一定范围内宣告社区矫正对象的犯罪事实、执行社区矫正的期限以及应遵守的规定的执法活动。

3.7

解矫宣告 community-corrections discharge announcement

社区矫正机构在社区矫正对象矫正期满时,依法公开宣告解除社区矫正的执法活动。

3.8

执行地变更 change of residence

社区矫正对象因居所变化,经社区矫正机构批准发生的所居住地的变更。

3.9

矫正方案 correction plan

社区矫正机构根据社区矫正对象性别、年龄、犯罪情况、被判处的刑罚种类、悔罪表现、个性特征和生活环境等情况进行综合评估,制定的有针对性的监督管理和教育帮扶的方案。

3.10

矫正小组 community-corrections group

社区矫正机构为社区矫正对象确定的负责落实社区矫正措施的专门小组。

3.11

社区矫正执行档案 community-corrections enforcement archive

社区矫正对象适用社区矫正法律文书以及接收、监管审批、奖惩、收监执行和解除矫正等有关社区矫正执行活动的文书档案。

3.12

社区矫正工作档案 community-corrections work archive

社区矫正机构及矫正小组进行社区矫正的工作记录,社区矫正对象接受社区矫正的相关材料等。

3.13

报告 report

社区矫正对象定期或不定期向社区矫正机构反映其遵纪守法、接受监督管理、以及工作学习生活等情况的活动。

3.14

外出 leave of absence

经社区矫正机构批准同意社区矫正对象在规定时间离开并返回执行地的活动。

3.15

电子定位监管 supervision with electronic positioning system

借助电子设备,采用电子定位技术,掌握限制社区矫正对象的活动范围、加强监督管理的措施。

3.16

分类管理 hierarchical management

社区矫正机构根据社区矫正对象性别、年龄、犯罪情况、被判处的刑罚种类和悔罪表现等情况实行的分类差别化管理。

3.17

个别教育 individual education

社区矫正机构工作人员遵循分类管理和分别教育的原则,根据社区矫正对象的个体特点,采取针对性措施,矫正其不良心理及行为的教育矫正活动。

3.18

集中教育 centralized education

社区矫正机构组织社区矫正对象开展的集体教育矫正活动。

3.19

社区服务 community service

由社区矫正机构组织或认可,由有劳动能力的社区矫正对象向社会、社区及特定机构和个人提供公益性或补偿性的劳动或服务。

3.20

心理矫正 psychological correction

依据心理学的原理与技术,综合运用心理健康教育、心理测量与评估、心理咨询与疏导、心理危机干预及心理疾病转介等方法和手段,了解社区矫正对象的心理问题,帮助其调整改善不良认知,消除心理障碍,减少负面情绪,增强适应社会能力,提高教育矫正质量和效果的矫正措施。

3.21

社会适应性帮扶 adaptive support

各级社区矫正机构协调有关部门、社会组织和社会力量,帮助有困难和需求的社区矫正对象实现就业就学、获得社会救助和落实基本社会保障等,促进社区矫正对象顺利融入社会的各种帮扶活动。

3.22

再犯罪风险评估 risk evaluation of recidivism

根据社区矫正对象基本情况、现实行为表现及思想变化等主客观因素,对其再犯罪的可能性、危险性进行的一种评价活动。

3.23

再犯罪原因评估 factors of recidivism evaluation

对社区矫正对象在社区矫正期间再犯罪的主客观原因进行的分析和评估。

注:再犯罪原因评估为改进监督管理和教育帮扶措施服务。

3.24

脱管 disengaged from supervision

社区矫正对象在社区矫正期间脱离执行地社区矫正机构的监督管理,导致下落不明或者虽能查找到其下落但拒绝接受监督管理的情形。

3.25

漏管 oversight in supervision

人民法院、公安机关、司法行政机关在社区矫正对象交付接收工作中衔接脱节,或者社区矫正对象逃避监管、未按规定时间期限报到,造成没有及时执行社区矫正的情形。

3.26

社区矫正突发案(事)件 community-corrections emergency incident

社区矫正对象发生重大安全事故、参与重大群体性事件、发生重大刑事案件,造成恶劣社会影响或严重后果,需要采取紧急处置措施予以应对的案(事)件。

3.27

先行拘留 detention in advance

被提请撤销缓刑、假释的社区矫正对象具有法定情形,社区矫正机构依法提请人民法院对其作出拘留决定,并由法院通知公安机关执行的执法活动。

3.28

撤销缓刑 probation revocation

被宣告缓刑的社区矫正对象,在社区矫正期内,因违反法律、行政法规或者国务院有关部门关于缓刑的监督管理规定,或者违反法院判决中的禁止令情节严重,被人民法院依法撤销缓刑,执行原判刑罚的决定。

3.29

撤销假释 parole revocation

被裁定假释的社区矫正对象,在社区矫正期内,因违反法律、行政法规或者国务院有关部门关于假释的监督管理规定的行为,被人民法院依法撤销假释,收监执行原判刑罚未执行完毕的刑罚的决定。

3.30

暂予监外执行收监执行 revocation of execution outside the prison

收监执行 revocation of execution

暂予监外执行的社区矫正对象,发现不符合暂予监外执行条件的;严重违反有关暂予监外执行监督管理规定的;暂予监外执行的情形消失后;罪犯刑期未满的,被依法押送至监狱或看守所关押的活动。

3.31

社区矫正终止 termination of community-corrections

社区矫正对象被收监执行的，因犯新罪或者被发现在判决宣告以前还有其他罪没有判决而被判处刑罚的，或者社区矫正对象死亡等情形下，终结社区矫正的执法活动。

4 统计与评价指标术语

4.1

列管社区矫正对象人数 number of community-corrections subjects being supervised

列管人数 number of subjects being supervised

上个期间末在册社区矫正对象数量与本期间内新接收的社区矫正对象人数之和。

4.2

调查评估率 survey evaluation rate

在一个期间内，新接收社区矫正对象中开展过调查评估的人数占新接收社区矫正对象的比率。

4.3

电子监管率 electronic supervision rate

某一个时间节点，对在册社区矫正对象进行电子定位监管的人数占在册社区矫正对象数的比率。

4.4

警告率 warning rate

一个期间内，受到警告的社区矫正对象人次与列管人数的比率。

4.5

收监执行率 imprisonment and execution rate

一个期间内，社区矫正对象收监人数与列管人数的比率。

4.6

脱管率 disengaged from supervision rate

某一个时间节点，社区矫正对象脱管人数占在册社区矫正对象数的比率。

4.7

再犯罪率 recidivism rate

一个期间内，社区矫正对象再犯罪人数与列管人数的比率。

4.8

社区矫正小组配比率 community-corrections team ratio

一个期间内,为社区矫正对象确定专门的矫正小组数与在册社区矫正对象总数的比率。

4.9

教育矫正率 educational correction rate

一个期间内,社区矫正对象受到教育矫正总人次与列管人数的比率。

4.10

社会适应性帮扶率 social adaptive assistance rate

一个期间内,社区矫正对象受到帮扶的总人次与列管人数的比率。

4.11

社区矫正机构工作人员配比率 community-corrections staff ratio

在一个期间内,专职从事社区矫正的省、市、县国家工作人员数与在册社区矫正对象数的比率。

4.12

社区矫正社会工作者配比率 community-corrections social worker ratio

在一个期间内,参与社区矫正工作的专职社会工作者数与在册社区矫正对象数的比率。

4.13

社区矫正社会志愿者配比率 community-corrections social volunteer ratio

在一个期间内,参与社区矫正工作的社会志愿者数与在册社区矫正对象数的比率。

5 信息化术语

5.1

智慧矫正 smart community-corrections

将信息技术与社区矫正工作深度融合再造,实现人力、设备和信息等资源有效整合与优化配置,构建集自动化数据采集与共享、精准化大数据分析与研判、智能化管理决策与指挥调度等功能为一体的全流程智能化社区矫正信息化体系。

5.2

社区矫正一体化平台 community-corrections integrated information platform

纵向贯通部、省、市、县、乡五级,横向联通法院、检察院、公安和相关部门,融合大数据分析、人工智能、移动互联和物联网等技术,集成社区矫正各项智慧化融合应用,具备社区矫正全业务、全流程和全时段智能化统一运作管理功能的业务应用集成。

5.3

社区矫正数据中心 community-corrections data center

用于安置承载社区矫正业务数据、社区矫正对象相关数据以及法院、检察院和公安等相关部门数据的计算机系统及相关部件的设施。

注:社区矫正数据中心在符合相关规范的建筑场所中部署,或在部省级司法行政数据中心部署。

5.4

社区矫正指挥中心 community-corrections command center

集社区矫正中心监控、司法所监控、移动监控、电子定位监控和视频点名五位于一体,具备视频监控、指挥调度、视频点名、工作督察、智能分析和预测预警功能,对社区矫正工作进行综合应急指挥处置的平台。

5.5

社区矫正定位管理系统 positioning system of community-corrections subjects

运用计算机技术、地理信息技术、移动定位技术、通信技术和网络技术,实现对社区矫正对象的位置监控及管理,为社区矫正工作提供决策依据的信息系统。

5.6

社区矫正电子定位终端 community-corrections electronic positioning terminal

定位终端 positioning terminal

依托移动通信网络,具备定位等功能的社区矫正专用电子终端。

注:电子定位终端包括电子定位腕带、手机等。

5.7

社区矫正移动执法终端 community-corrections portable law enforcement terminal

移动执法终端 portable law enforcement terminal

为社区矫正机构工作人员配置的便携式、可移动的执法终端。

注:社区矫正移动执法终端实现移动执法管理,具备移动执法监管、音视频录音录像、人脸抓拍采集、移动无线图像传输、语音通信、社区矫正电子定位终端信息获取、生物特征获取、身份证读取及校验和扩展摄像等功能。

5.8

社区矫正移动执法车 community-corrections enforcement vehicle

社矫执法车 enforcement vehicle

在开放区域的条件下,依托移动通讯、GIS 和监控等技术,用于社区矫正日常业务和应急指挥调度的专业技术车辆。

5.9

自助矫正终端 self-service correcting terminal

具备身份证读取,声纹、人脸、指纹采集和比对,身份核验,报到登记,信息采集等与社区矫正一体化平台集成应用的一体机。

5.10

矫务通 mobile application for community-corrections institution staff

由社区矫正机构工作人员使用,用于社区矫正工作的移动应用。

5.11

协矫通 mobile application for community-corrections social staff

由参与社区矫正工作的社会工作者使用,用于协助开展社区矫正工作的移动应用。

5.12

在矫通 mobile application for subject of community-corrections

由社区矫正对象使用,用于接受社区矫正的移动应用。

6 社区矫正相关机构与装备简称

社区矫正相关机构与装备简称见表1。

表1 社区矫正相关机构与装备简称

序号	中文名称	中文名称简称	英文名称	英文名称简称
1	司法部社区矫正管理局	部社矫局	community-corrections administration of the ministry of justice	corrections administration
2	省(自治区、直辖市)社区矫正管理局	省(区、市)社矫局	provincial (autonomous region, direct-controlled municipality) community-corrections administration	provincial (autonomous region, direct-controlled municipality) correction administration

231

续表

序号	中文名称	中文名称简称	英文名称	英文名称简称
3	市（州、盟、地区）社区矫正管理局	市（州、盟、地区）社矫局	municipal（prefecture, league, regional）community-corrections administration	municipal（prefecture, league, regional）correction administration
4	县（市、区、旗）社区矫正管理局	县（市、区、旗）社矫局	county（municipal, district, banner）community-corrections administration	county（municipal, district, banner）correction administration
5	社区矫正执法总队	社矫总队	community-corrections law enforcement general command	law enforcement general command
6	社区矫正执法支队	社矫支队	community-corrections law enforcement command	law enforcement command
7	社区矫正执法大队	社矫大队	community-corrections law enforcement unit	law enforcement unit
8	社区矫正执法中队	社矫中队	community-corrections law enforcement squad	law enforcement squad
9	社区矫正移动执法终端、社区矫正电子定位终端、自助矫正终端、社区矫正移动执法车	社矫四大装备	community-corrections portable law enforcement terminal、community-corrections electronic positioning terminal、self-service correcting terminal、community-corrections enforcement vehicle	positioning terminal、portable law enforcement terminal、self-service correcting terminal、enforcement vehicle

参考文献

[1] 司发通〔2012〕12号.社区矫正实施办法.最高人民法院、最高人民检察院、公安部、司法部.2012年1月10日印发

[2] 司发通〔2014〕112号.暂予监外执行规定.最高人民法院、最高人民检察院、公安部、司法部、国家卫生计生委.2014年10月24日印发

[3] 司发通〔2016〕88号.关于进一步加强社区矫正工作衔接配合管理的意见.最高人民法院、最高人民检察院、公安部、司法部.2016年8月30日印发

[4] 司发通〔2018〕78号.司法部关于加强社区矫正专案执行工作的意见.司法部.2018年8月1日印发

索 引
汉语拼音索引

B
报告 …………………………… 3.13

C
撤销缓刑 ……………………… 3.28
撤销假释 ……………………… 3.29

D
调查评估 ……………………… 3.4
调查评估率 …………………… 4.2
电子定位监管 ………………… 3.15
电子监管率 …………………… 4.3
定位终端 ……………………… 5.6

F
分类管理 ……………………… 3.16

G
个别教育 ……………………… 3.17

J
集中教育 ……………………… 3.18
矫委会 ………………………… 2.4
矫务通 ………………………… 5.10

矫正方案 ……………………… 3.9
矫正小组 ……………………… 3.10
教育矫正率 …………………… 4.9
解矫宣告 ……………………… 3.7
警告率 ………………………… 4.4
居住地 ………………………… 3.1
居住地核实 …………………… 3.3

L
列管人数 ……………………… 4.1
列管社区矫正对象人数 ……… 4.1
漏管 …………………………… 3.25

R
入矫宣告 ……………………… 3.6

S
社工 …………………………… 2.10
社会适应性帮扶 ……………… 3.21
社会适应性帮扶率 …………… 4.10
社矫对象 ……………………… 2.6
社矫工作人员 ………………… 2.9

社矫执法车 …………… 5.8
社矫中心 ……………… 2.5
社区服务 ……………… 3.19
社区矫正 ……………… 2.1
社区矫正电子定位终端 …… 5.6
社区矫正定位管理系统 …… 5.5
社区矫正对象 ………… 2.6
社区矫正工作档案 …… 3.12
社区矫正机构 ………… 2.3
社区矫正机构工作人员 …… 2.9
社区矫正机构工作人员配比率
……………………… 4.11
社区矫正接收 ………… 3.5
社区矫正决定机关 ……… 2.2
社区矫正社会工作者 …… 2.10
社区矫正社会工作者配比率
……………………… 4.12
社区矫正社会志愿者配比率
……………………… 4.13
社区矫正数据中心 ……… 5.3
社区矫正突发案（事）件 …… 3.26
社区矫正委员会 ………… 2.4
社区矫正小组配比率 …… 4.8
社区矫正一体化平台 …… 5.2
社区矫正移动执法车 …… 5.8
社区矫正移动执法终端 …… 5.7
社区矫正执行档案 …… 3.11
社区矫正指挥中心 …… 5.4
社区矫正志愿者 …… 2.11

社区矫正中心 ………… 2.5
社区矫正终止 ………… 3.31
收监执行 ……………… 3.30
收监执行率 …………… 4.5

T
脱管 …………………… 3.24
脱管率 ………………… 4.6

W
外出 …………………… 3.14
未成年对象 …………… 2.7
未成年社区矫正对象 …… 2.7

X
先行拘留 ……………… 3.27
协矫通 ………………… 5.11
心理矫正 ……………… 3.20

Y
移动执法终端 ………… 5.7

Z
再犯罪风险评估 ……… 3.22
再犯罪率 ……………… 4.7
再犯罪原因评估 ……… 3.23
在矫通 ………………… 5.12
暂予监外执行收监执行 …… 3.30
执行地 ………………… 3.2
执行地变更 …………… 3.8
志愿者 ………………… 2.11
智慧矫正 ……………… 5.1
重点社区矫正对象 …… 2.8
自助矫正终端 ………… 5.9

英文首字母索引

A
adaptive support 3.21

C
centralized education 3.18
change of residence 3.8
community service 3.19
community-corrections 2.1
community -corrections
  center 2.5
community-corrections command
  center 5.4
community-corrections committee
  .... 2.4
community-corrections data center
  .... 5.3
community-corrections discharge
  announcement 3.7
community-corrections electronic
  positioning terminal 5.6
community-corrections emergency
  incident 3.26
community-corrections enforcement
  archive 3.11
community-corrections enforcement
  vehicle 5.8
community-corrections group
  .... 3.10
community-corrections institution
  .... 2.3
community-corrections institution
  staff 2.9
community-corrections integrated
  information platform 5.2
community-corrections key
  subject 2.8
community-corrections portable law
  enforcement terminal 5.7
community-corrections reception
  .... 3.5
community-corrections reception
  announcement 3.6
community-corrections ruling
  authority 2.2
community-corrections social
  volunteer ratio 4.13
community-corrections social
  worker 2.10
community-corrections social
  worker ratio 4.12
community-corrections staff
  ratio 4.11
community-corrections subject
  .... 2.6
community-corrections team
  ratio 4.8
community-corrections
  volunteer 2.11
community-corrections work
  archive 3.12
correction center 2.5
correction committee 2.4
correction plan 3.9

235

D

detention in advance ·········· 3.27
disengaged from supervision
　·································· 3.24
disengaged from supervision
　rate ···························· 4.6

E

educational correction rate ······ 4.9
electronic supervision rate ······ 4.3
enforcement vehicle ············· 5.8

F

factors of recidivism evaluation
　·································· 3.23

H

hierarchical management ······ 3.16

I

imprisonment and execution
　rate ···························· 4.5
individual education ············ 3.17
institution staff ················· 2.9
investigation and evaluation ··· 3.4

J

juvenile ························· 2.7
juvenile community-corrections
　subject ························ 2.7

L

leave of absence ··············· 3.14

M

mobile application for community-
　corrections institution staff
　·································· 5.10
mobile application for community-
　corrections social staff ······ 5.11

mobile application for subject of
　community-corrections ······ 5.12

N

number of community-corrections
　subjects being supervised ······ 4.1
number of subjects being
　supervised ····················· 4.1

O

oversight in supervision ········ 3.25

P

parole revocation ··············· 3.29
place of enforcement ············ 3.2
place of residence ··············· 3.1
portable law enforcement
　terminal ························ 5.7
positioning system of community-
　corrections subjects ············ 5.5
positioning terminal ············· 5.6
probation revocation ············ 3.28
psychological correction ······ 3.20

R

recidivism rate ·················· 4.7
report ··························· 3.13
residency verification ············ 3.3
revocation of execution ········ 3.30
revocation of execution outside
　the prison ····················· 3.30
risk evaluation of recidivism
　·································· 3.22

S

self-service correcting terminal
　·································· 5.9
smart community-corrections ······ 5.1

social adaptive assistance rate
  .... 4.10
social worker 2.10
subject 2.6
supervision with electronic
  positioning system 3.15
survey evaluation rate 4.2

T
termination of community-corrections
  .... 3.31

V
volunteer 2.11

W
warning rate 4.4